Rita Henss

Blütenwolken, Wein und ewig Frühling

Vulkantochter Madeira

Rita Henss

Blütenwolken, Wein und ewig Frühling
Vulkantochter Madeira

Picus Lesereisen

Picus Verlag Wien

Grafische Gestaltung: Dorothea Löcker, Wien
Umschlagabbildung: Schapowalow/Huber
Druck und Verarbeitung:
Druckerei Theiss GmbH, St. Stefan im Lavanttal
ISBN: 978-3-85452-934-7

Informationen über das aktuelle Programm
des Picus Verlags und Veranstaltungen unter
www.picus.at

Inhalt

Vier Jahreszeiten an einem Tag
Wie an einem Februar-Wochenende die Liebe begann 9

Blütentraum von Menschenhand
Madeiras Gärten versammeln Gewächse aus der ganzen Welt 13

Wasser marsch – die »levadas«
Maurische Sklaven schufen das ausgeklügelte Netz, das bis heute das kostbare Nass über die gesamte Insel transportiert 20

Kolumbus und die Kaiserin
Seit Jahrhunderten sind große Namen mit dem kleinen portugiesischen Atlantikeiland verbunden 25

Ewiger Schlaf unter dem Trompetenbaum
Viele kamen einst der Gesundheit wegen nach Madeira, hauchten dort aber ihre Seele aus 37

Am Fädchen zu den Wellen
In den Westen Madeiras führt erst seit den fünfziger Jahren eine Straße 42

Süße Chinesinnen und würzige Lorbeerspieße
Madeiras Küche trägt traditionell bäuerliche Züge 47

Talentierter Taxista
Ein Lohnkutscher, der Kaffee braut, Waschpulver verkauft, den Inselpräsidenten zeichnet und sein eigenes Leben aufschreibt 55

Feuerzauber in der Fenchelbucht
Zu jedem nur erdenklichen Anlass feiern die Madeirenser ein Fest 60

Auf der Suche nach Glück und Geld
Südafrika, England, Venezuela – fast jede Familie auf der Insel hat Emigranten in ihrem Kreis 66

Kleine Fische, große Fische
Vom Walfang und Walschutz, der Robbenkammer und einem peruanischen Piratenschatz 72

Strohdächer und manuelinische Pracht
Vom Kuhstall bis zur noblen »quinta« – die Architektur der Insel zeigt viele Facetten 82

Tödlicher Cocktail
Die Kehrseite der Medaille: Selbstmord, Armut, Kinder-Eltern .. 91

Senhor Padres Passionen
Ein junger Pfarrer bescherte seiner Gemeinde einen Zoo und lässt Apfelwein keltern 98

Robuste Ruten und feinste Fädchen
Zarte Weißstickerei und Korbwaren in allen Varianten bilden die beiden Säulen des traditionellen Handwerks auf Madeira 103

Jesus in der Häkelsänfte
Mit überbordender Fantasie beteiligen sich die Bewohner einer Gemeinde auf Madeira seit Jahren an einem Weihnachtskrippen-Wettbewerb 112

Die verschlafene Atlantiktochter erwacht
Madeiras Nachbarinsel Porto Santo boomt im Sommer als Strandziel. Zwischen Herbst und Frühjahr herrscht idyllische Ruhe. Aber nicht mehr lange 116

Sonnenerwärmt und mit Pflaumenaroma
Schon Shakespeares Falstaff war bereit, für ein Glas Madeira seine Seele hinzugeben 125

Nachsatz 132

Vier Jahreszeiten an einem Tag

Wie an einem Februar-Wochenende die Liebe begann

Es war einer dieser wunderbaren mitteleuropäischen Wintertage: Die Temperaturen zeigten deutliche Tendenzen gen Null, die Luftfeuchtigkeit indes bevorzugte die Gegenrichtung und kleidete sich mal in solide Regengüsse, mal in neckische Graupelschauer. Die Seele schrie: Ich will raus aus meinem dicken Pullover, weg aus dieser nasskalten Tristesse! Irgendwo auf dieser Welt müssen doch schon die Sonnenstrahlen tanzen und die Frühlingslüftchen wehen.

Frühling – halt, da war doch was. »Insel des ewigen Frühlings.« Super! Genau die brauche ich. Liegt außerdem quasi vor der Haustür. Nur vier Stunden Flug trennen die winterfiese Heimat von dem paradiesischen Atlantikarchipel. Also auf nach Madeira. Natürlich nur mit leichtem Gepäck. Wer braucht im Frühling schon Winterklamotten. Im T-Shirt werden wir unseren Kaffee vor der Sé, Funchals Kathedrale, in der Sonne trinken. Allenfalls ein Strickjäckchen um Bauch oder Schultern geschlungen für den Fall abendlicher Meeresbrisen.

Aber schon beim Landeanflug sät der Pilot erste Zweifel in mein Herz. Sehr windig sei es da draußen im Moment bei etwa zwölf Grad. Irgendwie nicht so ganz das, was ich unter frühlingshaft verstehe. Nun ja, ist ja erst früher Morgen, knapp neun Uhr nach

Landeszeit. Alles noch offen auf der Möglichkeitsskala – nach oben, versteht sich.

Leider nicht. Oben ist alles dicht. Und bleibt es auch. An diesem Tag, am nächsten, am übernächsten. Dicke Nebelschwaden und mächtige Wolkenwände verstecken Berg- und Gipfelregionen. Nur unten an der Küste schimmert für Sekunden manchmal etwas Himmelsblau auf. Aber kühl ist es auch dort. Echtes Pullover- und Jackenwetter. So lerne ich Madeiras Shoppingmöglichkeiten kennen.

Dann begegne ich eines Morgens im Hotel Maria, dem Zimmermädchen. Weil ich den Autoschlüssel vergessen habe. Freundlich wünscht mir die junge Frau *bom dia*, einen schönen Tag. Irgendwas brumme ich zurück – wohl in der Art, ein halber »schöner« Tag würde mir auch schon genügen. Maria hakt in holprigem Englisch nach. »Where you go today?« Offen gesagt – ich habe noch keinen blassen Schimmer. Es ist Samstag. Maria macht mir klar, dass ich doch in ihr Heimatdorf fahren könnte. Sie habe zufällig ihr freies Wochenende ab Mittag …

Um viertel nach zwölf sitzen wir beide in meinem kleinen Leihwagen und kurven gen Westen. Felsige Tunnels, Wasserfälle, die von den Bergen über die Straße springen, hinab zum Meer. Kakteenhänge. Und überall Blumen. Blätter und Blüten schwer von den vielen Tropfen, die der Himmel immer wieder vergießt.

Nach einer guten Stunde auf immer engeren Kehren, durch immer dichtere Vegetation, kommt die weiße Kirche von Marias Heimatgemeinde in Sicht. Versteckt in einer der Gassen ringsum steht das elterliche Haus. Vater, Mutter, Bruder und

Schwestern warten schon mit dem Essen. Für den Gast wird ohne viel zu fragen einfach ein weiterer Teller auf den Tisch gestellt. *Carne vinho e alho* dampft in dem großen Topf, Schweinefleisch mit Knoblauch und Wein. Als Beilage gibt es *batata doce*, Süßkartoffeln. Eine schlichte Karaffe kreist mit einem rauen, selbst gekelterten Tropfen.

Nach dem Nachtisch schleppt mich die Familie noch in eine Kneipe – auf eine *bica*, einen kleinen starken schwarzen Kaffee. Auch eine *poncha* bestellt Maria für mich. Gefährlich süß schmeckt diese schaumige Mischung aus Zitronensaft, Honig und Zuckerrohrschnaps. Ganz warm ist mir schon, und das Wolkengrau draußen interessiert mich kaum noch. Ich verspreche, über Nacht zu bleiben, miete mich ein in der einzigen kleinen Pension des Ortes. Vom Fenster aus sehe ich den rotweißen *farol* auf der Steilklippe balancieren. Maria hat mir gesagt, dass es in seinem Inneren eine kleine Ausstellung gibt über alle Leuchttürme der Insel. Die werde ich morgen anschauen. Und dann muss ich noch, das habe ich Maria versprochen, die nachmittägliche Prozession zu Ehren des Dorfheiligen bewundern. Und ein wenig zur *festa* bleiben, der Feier auf dem Kirchplatz.

Böllerschüsse reißen mich anderntags aus dem Schlaf. »So werden immer die Dorffeste angekündigt«, erklärt mein Wirt. Offenbar haben sie auch noch einen meteorologischen Effekt. Denn plötzlich reißt der Himmel auf. Zündet Lichter an auf den grünen Hügeln, den goldenen Feldern, den azurblauen Wellen und den weißen Hausfassaden, lässt die bunten Festgirlanden leuchten und die mit Lorbeerzweigen gedeckten Budendächer auf dem Kirchplatz silbrig schimmern. Noch Stunden später stehe ich unter sengender Sonne vor dem Gotteshaus, umringt von einer Schar festlich gekleideter Menschen. Gebannt schaue ich der kuriosen Zickleinversteigerung zu, lausche den folkloristischen Klängen der *banda* auf ihrem eigens gezimmerten Orchesterpodium und bewundere die nach Ortsvierteln arrangierten Früchtekörbe, Geldscheinketten und anderen Spenden für San Pedro, den Verursacher dieses Festes.

Irgendwann, das Licht des Tages wird schon langsam violett, drückt mir Marias Vater strahlend ein Weinglas in die Hand und in die andere einen Lorbeerstecken mit köstlich duftenden Rindfleischwürfeln, die er am Straßenrand über der Feuersglut in einer aufgeschnittenen Öltonne gebraten hat.

Da hat sie wohl begonnen, meine Liebe zur Frühlingsinsel, an einem wintergrauen, herbstnebeligen, sommerhellen Wochenende im Februar.

Blütentraum von Menschenhand

Madeiras Gärten versammeln Gewächse aus der ganzen Welt

Weit zieht sich die hohe Mauer am Saum des steilen Sträßchens entlang. Endlich entdecke ich die kleine Pforte. Silbern blinkt ein runder Knauf in ihrem dunkelgrünen Holz. Ein sachter Dreh, der rechte Türflügel schwingt auf – und vor meinen Füßen ergießt sich ein üppiger Garten. Bananenbäume, Hibiskus, Strelitzien, Frangipani, Passionsfrucht, Bromelien, Martinetes, Aloen – alles wächst und gedeiht auf der terrassierten Hangfläche, die sich scheinbar endlos hinabzieht in Richtung Funchal.

Ein schmaler, steiler Pfad leitet zwischen der Pflanzenpracht zu einem winzigen Haus. Im Schatten seiner Veranda sitzt dort stumm ein altes Ehepaar am Tisch. Immer noch hege ich Zweifel, ob ich tatsächlich an der richtigen Adresse bin. Ein öffentlicher Garten soll dieses stille, selbst am Spätnachmittag noch sonnensatte Fleckchen Erde sein? »Sim« – ja, ja, bestätigt die betagte *senhora*. Flink erhebt sie sich von ihrem Stuhl. »Kommen Sie nur mit mir mit.«

Ein paar Schritte später taucht vor unseren Augen aus dem dichten Grün das erste Gewächshaus auf. Eine Handvoll weiterer solcher *estufas* staffeln sich talwärts. Und nun sehe ich auch das handgeschriebene Schild: »Bitte Klingeln« steht dort auf Portugiesisch, Englisch, Französisch und Deutsch.

Zur Quinta da Boa Vista gehört das abschüssige Gartenreich, das ich versehentlich durch den Hintereingang betreten habe. Seine Königin heißt, wie ich bald erfahre, Mrs. Betty. In ausgebleichten Jeans und kurzem, mit Scheren, Schaufeln und allerlei anderen gärtnerischen Utensilien bestücktem Schurz steht die alte Dame bei einem der Gewächshäuser mit einem Mal vor mir.

Schon als junges Mädchen im heimatlichen England, erzählt sie, galt ihre Liebe den Orchideen. Ihr Vater, Sir William Cooke, war damals nicht nur als großer Sammler rarer natürlicher Spezies bekannt, sondern zählt überdies zu den Pionieren der Orchideen-Züchtung. Beide, Sir William und seine Tochter, sind früh aktive Mitglieder der Royal Horticultural Society; ihre Wyld Court Orchids Collection erhält immer wieder höchste Auszeichnungen.

Als Mrs. Betty in den sechziger Jahren mit ihrem inzwischen pensionierten Gatten, dem ehemaligen Royal Airforce Captain Cecil Garton, in dessen Geburtshaus nach Madeira zieht, tritt auch das Blütenerbe ihres Vaters die Reise auf die Atlantikinsel an. Perfekt verschmilzt es dort mit dem mehr als hundert Jahre alten Garten der Schwiegerfamilie auf der *rochina*, dem Felschen, wie die Einheimischen sagen, an den Hängen von Funchal.

Lady Bettys Geschichte, die inzwischen fortgeschrieben wird von Sohn Patrick, einem diplomierten Botaniker und leidenschaftlichen Pflanzen-Aquarellisten, ist eine der jüngsten im dicken Buch der madeirensischen Gartenkultur. Ihre Wurzeln hat diese schon zur Zeit der ersten Zuckerrohrbarone. Denn deren Reichtum drückte sich nicht allein im

Kauf flämischer Kunstwerke aus, sondern auch im Bau vornehmer Landsitze – inklusive Garten.

Dutzende dieser Herrenhäuser liegen bis heute inmitten prachtvoller Grünanlagen. Nehmen wir nur die Quinta das Cruzes, wo angeblich schon João Zarco, einer der beiden Entdecker Madeiras, residierte. Oder schauen wir, ebenfalls in der Inselhauptstadt, zur Quinta Magnólia, in deren weitläufigem und baumreichen Park sogar öffentliche Tennisplätze und ein Schwimmbad locken. Mehr als tausend Pflanzengattungen, darunter Exoten wie der madagassische Blütenbombenbaum, aber auch Korallensträucher, Kapokbäume und Schwanenhalsagaven, birgt das Areal der Quinta Estrela in Caniço, heute als Hotelanlage unter dem Namen »Quinta Splendida« bekannt.

Ihre Gärtner arbeiten eng zusammen mit dem Botanischen Garten in Funchal. Bereits im 17. Jahrhundert steht ein *jardim botânico* als Wunschprojekt in den Chroniken der Insel. Es sollte freilich fast zehn Generationen dauern, bis das Projekt Wirklichkeit wurde. Heute sprießen mehr als zweitausend der schönsten tropischen und subtropischen Gewächse auf dem vier Hektar großen Areal, dem Gelände der ehemaligen Quinta do Bom Sucesso. Das Anwesen – dessen Name »gutes Glück« bedeutet – gehörte übrigens einst der schottischstämmigen Hotelfamilie Reid.

Nach wie vor im Besitz der britischstämmigen Madeirawein-Dynastie Blandy sind die Palheiro-Gärten. Ursprünglich angelegt vom ersten Grafen von Carvalhal, der seinen Jagdsitz auf den fast fünfhundert Meter hoch gelegenen Ländereien über der

Bucht von Funchal hatte, gingen sie 1885 – angeblich aufgrund von Spielschulden – in das Eigentum der Blandys über. Die Familie ließ sich ein neues Haus auf dem Grundstück bauen (in dem die Nachfahren noch heute wohnen) und führte die Baum- und Kamelien-Anpflanzungen des Grafen weiter.

Eine lange, gewundene Kamelienallee läuft gleich parallel zum Eingangspfad. Und oberhalb des mit mächtigen Farnbäumen und Bananenstauden weitgehend naturbelassenen Parkabschnitts namens Ribeiro do Inferno, Höllenfluss, bezaubern weitere Kamelienarten das Auge. Zwischen der Blandy-Villa und dem einstigen Jagdhaus, das heute den Kern eines kleinen Luxushotels bildet, entfaltet dann jeder Erdteil seine botanische Pracht: Passionsblumen aus Südamerika wachsen hier, Tuberosen und Blutlilien aus Mexiko, Granatäpfel aus China, Thunbergia aus Indien, afrikanische Zedern aus Kenia.

»Zu jeder Jahreszeit zeigt der Garten ein anderes Gesicht«, freut sich Cristina Blandy, die inzwischen für die Gestaltung und Entwicklung der Jardins do Palheiro verantwortlich zeichnet. Gerade hat sie ein neues Rosenbeet anlegen lassen, mit den Steinen der umplatzierten historischen Babes-Säule aus Funchals Hafen als Mittelpunkt. Und wenn man vom »Versunkenen Garten« über das »Lange Randbeet« durch den Jardim da Senhora, den »Garten der Dame« schlendert, fällt der Blick seit Kurzem auf einen filigranen Pavillon: das neue Teehaus der Palheiro-Gärten.

Ebenfalls neu gestaltet, wenngleich schon vor einiger Zeit, wurden die Gärten von Monte. Im Jardim do Imperador, dessen Herrenhaus einst Kaiser

Karl I. von Österreich letzte Zuflucht bot, ist im Ausguck, dem sogenannten Malakoff-Turm, eine winzige Kaffee- und Teebar entstanden – mit großzügiger Terrasse unter den schattigen Kronen mächtiger Schirmakazien. Der große Gartenpavillon neben der Villa dient inzwischen als Galerie: Ein Konvolut historischer Schwarz-Weiß-Fotografien erinnert an den Wänden beider Etagen an die einstigen Besitzer und hochherrschaftlichen Gäste der Quinta do Monte.

Erbaut wurde der vornehme Landsitz im Auftrag eines jungen Engländers namens David Webster Gordon, der Anfang des 19. Jahrhunderts von London nach Madeira kam. Einer seiner Söhne übernahm nach des Vaters Tod das Hang-Anwesen und ließ den Malakoff-Garten anlegen, ein inzwischen wieder hergestelltes Kunstwerk aus sechsundsechzig Blütenbeeten. Danach begann eine wechselvolle Geschichte für das Areal. Seine Pflanzen indes überdauerten tapfer alle Änderungen der Besitzverhältnisse. So entdeckt, wer heute durch das schmiedeeiserne Portal tritt und den mit kleinen, dunklen Basaltkieseln gepflasterten Parkwegen folgt, nicht nur Baumriesen, die mehr als zwanzig Meter in den Himmel wachsen, sondern auch eine dichte Fülle exotischer wie einheimischer Gewächse.

Vor allem die Exotik hatte es José Manuel Berardo angetan, einem in Südafrika zu Reichtum gekommenen Unternehmer. Er verwandelte das steile Hanggelände der einstigen Quinta do Prazer, aus der im 19. Jahrhundert das bis 1943 betriebene Monte Palace Hotel erwuchs, in einen tropischen Garten mit Pflanzen aus aller Welt. Viele tausend Arten kamen bislang zur originären Vegetation hinzu, darunter eine einzigartige Sammlung von Palmfarnen, die als lebendige Fossilien gelten. Inmitten des üppigen Grüns des Jardim Monte Palace liegt auch ein Teich mit Koi-Karpfen und ein See mit Miniaturfestung in der Mitte. Immer wieder begegnet das Auge zudem künstlerischen Reminiszenzen an europäische wie fremde Kulturen: Azulejo-Friese, Buddhafiguren, Pagoden, fernöstliche Tore …

Einer der jüngsten Gärten der Insel widmet sich ausnahmslos einer einzigen Pflanze: der Rose. In den Gärten der Quinta do Arco, einem an der Nordküste Madeiras in Arco de São Jorge gelegenen Gutsbesitz, haben Elisabete Albuquerque und ihr Mann Miguel (der in der Inselhauptstadt das Amt des Bürgermeisters bekleidet) mehr als tausend verschiedene Rosenarten versammelt. Die bedeutendsten und seltensten von ihnen sind mit Namen und entsprechender Klassifizierung bezeichnet. Alte Sorten sind ebenso darunter wie zeitgenössische Züchtungen. Die Palette reicht von Albas über Bourbon und Damasco bis hin zu Floribundas, Hybrid Musk und Polyanthe.

Aber Madeiras Grün hat noch viele weitere Facetten. Allein in der Hauptstadt der Insel locken noch der historische Stadtpark Jardim Municipal auf dem Gelände des einstigen São-Francisco-Klosters und der weitläufige Santa-Catarina-Park an der Avenida do Infante unterhalb des Regierungssitzes Quinta Vigia. Ganz versteckt im Herzen Funchals liegt zudem der kleine Heilkräutergarten Jardim de Plantas Aromaticas – während sich der Ökologische Park von Funchal, ungeachtet seines Namens, weit außerhalb der Metropole, auf halbem Weg zwischen

Monte und Poiso Pass, über fast tausend Hektar Fläche und etliche Höhenmeter zieht. Eine beachtliche Bandbreite einheimischer Gewächse ist auf dem riesigen Parkgelände versammelt; nicht zuletzt durch das zusätzliche Pflanzen verschiedener Lorbeerbäume wie den Til, den Vinhático oder den Barbusano. Auf einer Höhe von rund sechzehnhundert Metern haben sich auch die letzten Bestände der äußerst seltenen endemischen Sorveiras gehalten. Zum Parque Ecológico de Funchal gehört übrigens auch der Pico Alto, von dem man einen wunderbaren Ausblick auf die Inselhauptstadt hat.

In ihrem verborgenen kleinen Jardim de Plantas Aromaticas in der Rua de Mouraria reckt ein Granatapfelbaum seine Zweige, Rosmarin duftet, Salbei, Minze, Lavendel, Baldrian und Zitronenmelisse verströmen ihre Gerüche. Und kraftvoll wuchert zwischen Aloe und Ginkgobaum auch Madeiras stärkstes Duftkraut, die Petersilie.

Wasser marsch – die »levadas«

Maurische Sklaven schufen das ausgeklügelte Netz, das bis heute das kostbare Nass über die gesamte Insel transportiert

Senhor Umberto kennen alle im Dorf. Und in allen Nachbardörfern. Jeden Tag knattert er mit seinem Moped über die schmalen Straßen und unbefestigten Wege seines Bezirks. Senhor Umberto ist ein *levadeiro*. Er bringt den Bauern auf Madeira das Wasser für ihre Felder – oder zumindest die Kunde davon. Er weiß, wie viele Wasserstunden jeder der Landwirte beim zuständigen Amt für das ganze Jahr gekauft hat. Seine Aufgabe besteht darin, die gerechte Zuteilung des kostbaren Nasses zu überwachen und jedem Abnehmer anzukündigen, wann er an der Reihe ist, seine schmale Kanalrinne öffnen zu dürfen.

»Chega agua«, das Wasser kommt, rufen sich dann die Anrainer zu. Und es sprudelt kräftig in der Hauptrinne am Straßenrand. Manchmal passiert es aber auch, dass das Wasser einfach nicht kommt. Dann beginnt das große Rätselraten: Ist die Zuleitung verstopft, weil jemand Unrat in die Rinne geworfen hat? Oder hat ein Fremder versehentlich den Propfen aus Altkleidern entfernt, der die Abzweigung zum Nachbarn blockiert? Sollte gar ein Bauer irgendwo oberhalb der noch trockenen Gärten und Felder seine ihm zugedachte Einspeisungszeit überzogen und das Zumachen seiner Schleuse einfach »vergessen« haben?

Vom portugiesischen Wort *levar*, tragen, haben die schmalen Bewässerungskanäle Madeiras ihren Namen. Gut zweitausend Kilometer, sagt man, misst heute das *Levada*-Netz der Insel. Auch Zahlen von achthundert oder von bis zu fünftausend Kilometer werden genannt – je nachdem, ob die kleinen Verzweigungen der großen Kanäle, die jeden Acker und jede Rebfläche erreichen, mitgezählt werden oder nicht. Etwa achtzig Kanalkilometer jedenfalls, das steht fest, verlaufen in Tunnels. Und sogar über einige Brücken wird das Wasser geleitet.

Die ersten *levadas* auf Madeira entstanden bereits im 15. Jahrhundert, kurz nach der Entdeckung der Insel. Sie dienten dazu, das Nass ferner Quellen in trockenere Anbaugebiete zu leiten. Als Madeira noch unbewohnt war, hatte es allerorts reichlich Wasser gegeben. Durch die Brandrodung der ersten Siedler indes geriet der sensible Feuchtigkeitshaushalt des Atlantikeilands aus dem Gleichgewicht; der südliche Inselteil drohte zu versteppen. Kanäle waren die Lösung.

Schon 1461 bestimmte Prinz Ferdinando, dass zwei Männer – die *hereus* – mit der Verteilung des Wassers beauftragt werden sollten. 1485 verfügte dann König João II., wann die *Levada*-Beauftragten den Benutzern das kostbare Nass zuteilen sollten. 1493 erließ der Regent schließlich sogar ein Gesetz, wonach kein Landeigentümer den Bau, die Instandsetzung oder die Nutzung von *levadas* behindern durfte.

Für den rasch steigenden Wasserbedarf, vor allem

durch den Zuckerrohranbau und die Wassermühlen, wurden bald immer größere und breitere Kanäle angelegt. Von Anfang an schufteten für den *Levada*-Bau vor allem arabische und maurische Sklaven. Sie standen im Ruf, aufgrund ihrer Herkunft über einiges Wissen in Sachen Bewässerungstechnik zu verfügen.

Neben den Mauren und Berbern gab es unter den Sklaven auch viele Schwarzafrikaner, vor allem aus Guinea, die beliebt waren wegen ihrer Stärke und Gesundheit. Zudem hielten sich die portugiesischen Herren Madeiras Guanchen, die Ureinwohner der Kanarischen Inseln, als Leibeigene, und sogar Inder standen in ihren Diensten.

Durch einen Vertrag der ersten Familien der Insel mit den Gouverneuren afrikanischer Kolonialgebiete wurde der Handel mit geraubten Eingeborenen geregelt. Ab 1470 bestimmte ein Gesetz auf Madeira, dass die Sklaven, die nach dem Glockenläuten noch auf der Straße gesehen werden, wie Flüchtige zu behandeln seien. Dies galt selbst bei Botengängen für den Besitzer. Noch um die Jahrhundertwende gab es in Machico dieses »Sklavenläuten«. Und in Ponta do Sol existieren bis heute Spuren dieses Gesetzes: An den Türen sieht man aufgemalte Hinweise, die den Sklaven das Überqueren der Bergrücken nach dem Erklingen der Glocken verboten. Straßennamen wie Rua das Pretas (Straße der Negerinnen), Rua da Mouraria (Straße des Maurenviertels) oder Ortsbezeichnungen wie Lombo do Mouro (Hügel der Mauren) verweisen ebenfalls noch heute auf die Zeit der Sklaverei.

Doch zurück zu den maurischen Bewässerungsspezialisten. Einfach war es nicht, ihr Wissen auf der gebirgigen Insel in die Tat umzusetzen. Manchmal mussten sie Rinnen an Schwindel erregenden Felsabstürzen heraushauen oder Gesteinsformationen »sprengen«, um ein gleichmäßig sanftes Fließgefälle zu erzielen. Die ergiebigsten Quellen an der Nordseite Madeiras liegen nämlich nicht wesentlich über den höchsten Feldern im Süden. Tage- und wochenlang arbeiteten die *Levada*-Bauer an den Rinnen – und das nicht nur zu Zeiten von König João. Noch zu Beginn des 20. Jahrhunderts campierten die Männer, die mit der Anlage neuer Bewässerungskanäle beauftragt waren, in einfachen Zelten an den Baustellen im Gebirge. Auch der Herr Ingenieur blieb die meiste Zeit vor Ort. Material und Verpflegung wurde mit Brieftauben geordert und per Ochsenkarren angeliefert.

Als man begann, anstelle des durstigen Zuckerrohres den genügsameren Wein anzubauen, verfielen zahlreiche der alten Wasserrinnen. Erst mit dem neuerlichen Zuckerrohranbau im 19. Jahrhundert wurde das historische Kanalsystem wieder wichtig. Man revitalisierte und erweiterte es.

Als die älteste *levada* auf Madeira gilt die Levada do Balthasar. Sie wurde schon um 1461 gebaut und führt vom Pico do Arieiro hinunter nach Funchal. Die jüngste der wichtigsten *levadas*, die Levada dos Tornos, verläuft zwischen Monte oberhalb der Inselhauptstadt und Santa Cruz an der Ostküste. Entstanden in den sechziger Jahren, misst sie mehr als hundert Kilometer und bewässert rund zehntausend Hektar Land. Auch ein Elektrizitätswerk ist in die Levada dos Tornos eingebunden – es ist jedoch nicht das Einzige, das sich auf der Insel aus der Kraft des Wassers speist.

Viele der neben den Bewässerungsrinnen verlaufenden Wartungspfade erfreuen sich inzwischen großer Beliebtheit als Wanderwege. Allerdings verlaufen sie nicht immer als breites Band, auf dem sogar ein Moped oder eines der neuen Vierrad-Motorräder bequem vorwärts kommen könnte. Oft bieten sie gerade nur Platz für zwei Füße nebeneinander – sodass auch Senhor Umberto seine Arbeit unmotorisiert erledigen muss. Einige der schmalen *passeios* ziehen sich überdies am Rand tiefer Schluchten entlang. Und in den Tunnelabschnitten steht so mancher *Levada*-Pfad der benachbarten Kanalrinne an Wasserhöhe in keiner Weise nach! Die Beleuchtung für die finsteren Bergschlünde muss jeder Wegbenutzer übrigens in der Regel selbst mitbringen – in Form von Stirn- oder Taschenlampe. Denn Lichtschachte oder gar künstliche Beleuchtung haben selbst die modernsten *Levada*-Ingenieure noch nicht installiert.

Stunden um Stunden kann man auf den *passeios do levada* Madeira erkunden. Im Gebirge verlaufen die Kanalpfade meist durch weitgehend unberührte Natur. In niedrigen Lagen führen sie durch bebautes Land, vorbei an Wohnbauten und an den Wasserhäusern, wo sich die Kanäle in verschiedene Richtungen verzweigen. Auch in Senhor Umbertos Gebiet stehen mehrere solcher Verteilerbauten. Regelmäßig stapft oder knattert der wettergegerbte Mittvierziger zu einem Kontrollgang dort vorbei. Denn nicht bloß die gerechte Verteilung des Wassers gehört zu den Aufgaben eines *levadeiro* – sondern auch das Sauberhalten der Kanäle und kleinen Schleusen.

Kolumbus und die Kaiserin

Seit Jahrhunderten sind große Namen mit dem kleinen portugiesischen Atlantikeiland verbunden

Kolumbus und Sisi, Winston Churchill und George Bernard Shaw, der Agha Khan und Österreichs letzter Kaiser, Hotelkönig William Reid und der Fußballprofi Cristiano Ronaldo – Madeira hat eine beachtliche Zahl berühmter Besucher und Bewohner aufzuweisen.

Beginnen wir mit Kolumbus, dem Seefahrer und Entdecker Amerikas. Ausgeschickt von reichen Genuesern, die sich in Portugal niedergelassen hatten, ging der Italiener um 1492 erstmals auf der portugiesischen Atlantikinsel vor Anker. Seine Mission lautete damals nur, dort Zucker zu erwerben. In der Nähe des Küstenstädtchens Ponta do Sol, auf dem Landsitz von João Esmeralda, einem der damaligen madeirensischen Zuckerbarone, soll der Genueser anfänglich zu Gast gewesen sein. Vielleicht begegnete er hier – anlässlich einer der vielen rauschenden Festivitäten im Hause des vom weißen Gold mit Reichtum geadelten Händlers – auch erstmals der bezaubernden Felipa Moniz. Die beiden fanden, so heißt es, sogleich großen Gefallen aneinander. Und trotz erheblicher Standes- wie Altersunterschiede gelang es Senhor Colombo, die liebliche Tochter von Bartolomeu Perestrelo, dem ersten Legatskapitän (eine Art Gouverneur) der kleinen Nachbarinsel Porto Santo, zu seiner Frau zu machen.

Nach der Eheschließung nahm das Paar im Hause des Schwiegervaters Quartier – einem ansehnlichen Bau nahe der Kirche im Zentrum von Vila Baleira. Ob dort tatsächlich, wie einige Historiker meinen, der erste Sohn der beiden geboren wurde, ist nicht gesichert. Es gibt viele Stimmen, die sagen, Diego Colombo, der vom Vater nach dem frühen Tod von Felipa in das spanische Kloster La Rábida verbracht wurde und später am Hofe von Königin Isabel Karriere machte (letztlich brachte er es bis zum Vizekönig von Santo Domingo), habe wohl eher in Lissabon das Licht der Welt erblickt. Wie dem auch sei: Als Casa Museu Cristóvão Colombo erinnert heute das einstige Domizil von Felipa und ihrem Gatten mit Seekarten und Schiffsmodellen vor allem an die Entdeckungsfahrten von Christoph Kolumbus.

Aber nicht nur auf Porto Santo gedenkt man stolz des »Santa Maria«-Kapitäns. Auch auf Madeira ist vieles nach ihm benannt, vom Restaurant bis zur Straße. Oberhalb des Hafens von Funchal, am Rande des Santa-Catarina-Parks, erinnert zudem eine Bronzebüste an den berühmten Genuesen. Von konzentriertem Ernst sind die Züge des Konterfeis, weit scheint sein Blick übers Meer hinaus zu schweifen. Zeugnisse von Kolumbus' Aufenthalt bei seinem ersten Gastgeber indes sucht man vergebens: Der Landsitz des Senhor Esmeralda in Lombada da Ponta hat die Zeiten nicht überdauert; nur ein Fenster, so heißt es, sei geblieben, das aber nun eine andere *quinta* auf der Insel schmückt.

Dafür gedenkt man in Ponta do Sol jedoch durchaus baulich eindrucksvoll einer lokalen Berühmtheit der jüngeren Zeit: des amerikanischen

Schriftstellers John dos Passos, Verfasser unter anderem des legendären Romans »Manhattan Transfer« sowie der imposanten Trilogie »U.S.A.«. In der restaurierten Villa seiner Großeltern, die im 19. Jahrhundert nach Amerika auswanderten, brachte die Gemeinde zwar nur verschiedene Büroräume unter. Aber der einstige Garten des Anwesens wurde gerodet, um Platz zu machen für ein modernes Kulturzentrum, das den Namen des Autors trägt. Am schmalen Eingangsportal der Villa erinnert zudem eine metallene Gedenkplakette an den ersten (und einzigen) Besuch des so erfolgreichen Enkels im längst verlassenen großelterlichen Domizil.

Womöglich hat Großvater Passos den ersten Besuch Elisabeths von Österreich auf Madeira noch miterlebt. Ihre kaiserliche Hoheit – damals eine grazile Schönheit von Anfang zwanzig – traf Ende November 1860 mit der »Viktoria & Albert«, der Yacht der Königin von England, aus Antwerpen kommend in Funchal ein. Von Seiten der Inselväter war ein großes Empfangszeremoniell vorbereitet. Aber Sisi bestand auf einem Minimum an protokollarischer Öffentlichkeit. Ohne viel Aufhebens betrat sie den Inselboden – nach einer recht stürmischen Überfahrt, wie es heißt, bei der sich die junge Kaiserin angeblich an den Mast des Schiffes hatte binden lassen, um die Naturgewalten hautnah mitzuerleben. Ihre Reisebegleiter hingegen, darunter die Fürstin Windischgrätz und der Fürst von Thurn & Taxis, sollen durch die bewegte See unter erheblichen »Gleichgewichtsstörungen« gelitten haben.

Sisi verbrachte – wohl auf Anregung ihres Schwagers Maximilian, der die Atlantikinsel schon bereist hatte und von ihr sehr angetan war – nach ihrem recht überstürzten Aufbruch aus Wien den gesamten Winter im milden Klima Madeiras. Sie feierte dort auch ihren Geburtstag, der stets mit dem Weihnachtsfest zusammenfiel.

Unterkunft nahm die Kaiserin in der damals noch vor den Toren Funchals liegenden Quinta Augústia (in den Annalen auch als Villa Davies oder Quinta Vigia bekannt), einem kleinen Privatanwesen mit Schlösschen und Garten hoch über der Hafenbucht. »2000 MIL REIS« Miete forderte Zeitungsberichten zufolge ihr Besitzer »in Anbetracht des Opfers, ausziehen zu müssen und für Änderungen im Mobiliar«. Bei einem erneuten Besuch, Ende Dezember 1893 – vier Jahre zuvor hatte das Haus Habsburg den spektakulären Selbstmord des Thronfolgers Rudolf zu beklagen –, logierte Sisi dann in dem noblen neuen Reid's Hotel.

Nach dem Abriss der Quinta Augústia im Jahre 1973 entstand an ihrer Stelle das spektakuläre Casino-Gebäude des Brasilia-Architekten Oscar Niemeyer. Nur ein paar Schritte entfernt von diesem Betonbau in Form einer Dornenkrone erinnert inzwischen eine Bronzestatue an die österreichische Kaiserin.

Ganz unkonventionell, so heißt es, habe die junge Monarchin auf ihren Streifzügen über die Insel mit jedermann gesprochen, für jeden ein Lächeln gehabt und auf diese Weise auch Prinz Luiz bezaubert, den späteren König Portugals, der eigens nach Madeira kam, um Sisi seine Aufwartung zu machen.

In den fünf Monaten ihres ersten Madeira-Aufenthalts soll die lungenleidende, »lebensgefährlich erkrankte« Kaiserin ihre Gesundheit wiedererlangt haben, vermeldet ein offizielles Hofbulletin. Sisis Biografin Brigitte Hamann sieht das allerdings anders. Der Kaiserin ging es zwar wirklich nicht gut, aber was ihr weit eher zu schaffen machte als ihre Lungen, war die Ehekrise, die nun schon über ein Jahr andauerte, und der ständige Ärger mit der Schwiegermutter, die die Vertraute ihres Mannes Kaiser Franz Joseph war.

Auch Comte de Lambert, ein Abgesandter des russischen Zarenhofes, kam wohl eher aufgrund psychischer denn physischer Leiden nach Madeira. Der »sonderbar aussehende Herr«, der niemanden zu sich ließ, kranke, so hieß es unter den Einheimischen, heftig an Schuldgefühlen, nachdem sich sein Rivale in einer Liebesangelegenheit das Leben genommen hatte. Monsieur de Lambert logierte ebenfalls in der Quinta Augústia.

Bevor der Zarendiplomat das Anwesen erworben hatte, wohnte dort eine Zeit lang auch Prinzessin Maria Amélia, die Tochter des brasilianischen Kaisers Pedro I. Die Arme litt an Schwindsucht und erhoffte sich in Begleitung ihrer Mama Linderung oder gar Heilung ihres Leidens im moderaten Meeresklima der Atlantikinsel. Sie hoffte freilich vergebens. Im Alter von nur zweiundzwanzig Jahren hauchte sie ihre Seele aus. Ihrer verstorbenen Tochter zum Gedenken gründete die Mutter gegenüber der Quinta do Augústias die Lungenheilstätte Hospico da Principessa. Inzwischen ist das Anwesen ein privates Wohnhaus, aber wenn man fragt, darf man einen Blick in die ehemalige Spitalskapelle werfen. Sie birgt ein exquisites marmornes Marienbildnis, gestiftet von dem mit der früh verstorbenen Prinzessin verlobten Erzherzog Maximilian von Österreich, dem späteren Kaiser von Mexiko.

Auch der Nachfolger von Maximilians Bruder Franz Joseph I. auf dem österreichischen Thron, Kaiser Karl I., besuchte Madeira. Er wählte die Insel nach seiner nur zweijährigen Regentschaft mehr oder weniger freiwillig als letzte Station seines Exils. Zuvor hatte er Zuflucht auf Schloss Wartegg am Bodensee gesucht, dann in Prangins am Genfersee und schließlich auf Schloss Hertenstein bei Luzern. Von der Schweiz aus hielt Karl eifrig Kontakt zu legitimistischen Kreisen, vor allem in Ungarn, wo schon 1919 die Monarchie wiederhergestellt wurde – eine Tatsache, die den Exilanten auf eine Restauration der Habsburger hoffen ließ. Bereits Ostern 1921 kehrte Karl daher inkognito nach Budapest zurück, musste allerdings bald unverrichteter Dinge wieder zurückkehren ins Land der Eidgenossen.

Am 20. Oktober des gleichen Jahres startete er einen zweiten Versuch und flog mit seiner Frau Zita nach Sopron. Drei Tage später kam es jedoch in einem Vorort Budapests zu einem Scharmützel, das neunzehn Soldaten das Leben kosten sollte. Da damit klar geworden war, dass der Restaurationsversuch in einem Bürgerkrieg enden würde, gab Karl auf. Nach einer kurzen Internierung in der Abtei Tihany am Plattensee wurde er am 1. November mit Zita von Bourbon-Parma an Bord des britischen Donauschiffes »Glowworm« bis zum Schwarzen Meer und dann auf dem englischen Kreuzer »Cardiff« über Gibraltar nach Madeira gebracht. Am 19. November ging das abgedankte Kaiserpaar in Funchal vor Anker. Die Kinder kamen erst gut zwei

Monate später, am 2. Februar 1922, bei ihren Eltern an.

Anfänglich logierten die exilierten Hoheiten im Hotel Victoria in Funchal. Nachdem ihre finanziellen Mittel jedoch zusehends schwanden, übersiedelten sie nach Monte, einem damals als Sommerfrische sehr beliebten Ort an den Berghängen über Funchal. Eine Bankiersfamilie namens Machado hatte dort kostenlos ihre *quinta* für die Exilierten zur Verfügung gestellt. Karls Aufenthalt hier sollte allerdings nicht von langer Dauer sein. Am 9. März zog er sich eine Erkältung zu. Um Geld zu sparen, wurde erst am 21. März ein Arzt gerufen. Er stellte beim Patienten eine schwere Lungenentzündung fest. Am 1. April 1922, kaum vier Monate nach seiner Ankunft auf der Blumeninsel, starb der exilierte Monarch im Alter von nur fünfunddreißig Jahren. An seiner Beisetzung am 5. April nahmen, so heißt es in den Chroniken, etwa dreißigtausend Personen teil. Der dunkle Sarg mit dem Leichnam Karls I. hat noch heute seinen Platz in einer Seitenkapelle der Kirche Unserer Heiligen Jungfrau in Monte. Und vor dem doppeltürmigen Gotteshaus erinnert seit der Seligsprechung des Habsburgers durch den Papst im Jahre 2004 eine große Statue an den achtfachen Vater und letzten Kaiser Österreichs.

Etwas bescheidener fällt das Gedenken an einen anderen großen Staatsmann aus, der knapp drei Jahrzehnte nach Karl I. zum ersten Mal seinen Fuß auf das vulkanische Eiland Madeira setzte. Die Rede ist von Winston Churchill, dem englischen Premier und Nobelpreisträger. Er kam – damals gerade in die Opposition gezwungen – auf Empfehlung des britischen Konsuls auf die Atlantikinsel. Als »warm, geeignet zum Malen und zum Baden, bequem und blumig« hatte sie dieser ihm beschrieben. Churchill arbeitete an seinen Memoiren und erholte sich beim Zeichnen und Aquarellieren. Sein Malerherz war jedes Mal entzückt über das Panorama, das ihm die Insel bot. Der stete Wechsel von Licht und Schatten. Die unvermittelten Ausblicke auf steile Klippen und silberblaues Wasser. Die fruchtbaren Hänge voller tropischer Früchte und Reben. Was kümmerte ihn da noch die Politik im fernen, grauen London! Einzig nach Kohlestift, Papier und Pinsel stand ihm jetzt der Sinn.

Vor allem Madeiras Südküste mit ihren Fischerdörfern hatte es dem Hobbykünstler Churchill angetan. Sein Favorit war Câmara de Lobos, die »Wolfskammer« (*lobos marinos*, Seelöwen, sind gemeint) am Fuße steiler Bananenfelder. Er malte die von lavaschwarzen Felsen umarmte Hafenbucht in vielerlei Versionen. Eine Riege farbenfroher Holzboote liegt dort heute noch wie auf Churchills Skizzen. Schwielige Männerhände knallen wie damals Spielkarten auf ihren Bug. Und wenn in dem winzigen Hafenkirchlein mit den Fischerszenen im Deckengemälde die Messe gelesen wird, dann stehen die Gläubigen noch immer als dichte Traube bis hinaus auf die schmale Gasse.

Wer vom Hafen aufmerksam hinaufblickt zum östlichen Ortseingang, entdeckt dort noch heute Churchills Silhouette. Fast in Lebensgröße prangt sie von der weißen Außenmauer eines Hauses, das mit einer Handvoll weiterer Gebäude wie ein Schwalbennest an der Klippe klebt: eine historische Schwarz-

Weiß-Fotografie, aufgezogen auf wetterbeständiges Nylongeflecht. Die ursprüngliche bronzene Gedenkplakette an diesem Malplatz des Staatsmanns war bei unserem letzten Besuch verschwunden – »em restauro«, sagten die Einheimischen, zur Restaurierung gebracht.

Meist logierte Churchill bei seinen Madeira-Aufenthalten mit Gattin Clementine in Funchal. Sein Name steht auch im Gästebuch des »Reid's«, der traditionsreichen Nobelherberge hoch über dem Hafen der Inselmetropole. Ihr Gründer William Reid kam 1822 als eines von zwölf Bauerskindern in Schottland zur Welt. Als er vierzehn Jahre alt war und noch immer ein schmächtiges, kränkelndes Kerlchen, empfahl der Familiendoktor ein wärmeres Klima für ihn. Ausgestattet mit der fürstlichen Summe von fünf Pfund Sterling sandte der Vater den Sohn daher aus, sein Glück und seine Gesundheit »anderswo in der Welt« zu suchen.

Als Schiffsjunge verdiente sich William seine Passage nach Lissabon und dann nach Madeira. Dort fand er zunächst Arbeit in einer Bäckerei. Vom Brot wechselte er jedoch bald zum Wein, wurde ein geschickter und erfolgreicher Händler. Zum jungen Mann gereift, heiratete er mit Mitte zwanzig eine gewisse Margaret Dewey, die als Gesellschafterin für Lady Camden auf die Insel gekommen war.

Zu dieser Zeit hatte sich Madeira mit seinem milden Klima und vielen Sonnentagen schon als beliebtes Reise- und Aufenthaltsziel etabliert. Die Besucher kamen für drei Monate, manche auch für ein ganzes Jahr oder gar zwei. Viele von ihnen brachten ihre eigenen Bediensteten mit und mitunter auch ihre eigenen Möbel. William und Margaret beginnen damit, großzügige Häuser an die wohlhabenden Sommerfrischler und sonnenhungrigen Winterflüchtigen zu vermieten. Das Paar stellt, falls gewünscht, auch Personal zur Verfügung und bietet bestimmte Serviceleistungen an.

Es dauert nicht lange, und die Reids besitzen eine eigene Villa – die Quinta das Fontes. Mit dem Segen des Duke of Edinburgh, des Sohnes von Königin Victoria, taufen sie ihr neues Domizil bald um in Royal Edinburgh Hotel. Da das Unterkunftsangebot auf Madeira damals noch recht dürftig und eher einfach ist, wird das erste Hotel der Reids rasch zum Erfolg. William und Margaret wagen sich nun an weitere Projekte: das Santa Clara Hotel und das Hotel Miles Carmo in Funchal entstehen; zudem engagieren sich die beiden Reids in Monte und im Nordküsten-Örtchen St. Anne's, dem heutigen Santana.

Noch immer aber hegt William, der inzwischen mit seiner vielköpfigen Familie in der Quinta do Bom Sucesso wohnt, auf deren Gelände sich heute der Botanische Garten Funchals erstreckt, einen besonderen Traum. Er möchte auf Madeira eine außergewöhnliche Nobelherberge bauen – das beste Luxushotel der Welt.

Die Reids sind zu diesem Zeitpunkt längst hoch geachtete und wichtige Persönlichkeiten der lokalen Gesellschaft; ihr Finanzkapital ist beträchtlich. Daher gelingt es William ohne große Schwierigkeiten, von einem gewissen Doktor Grabham ein Stück Land auf der Klippe über dem Hafen von Funchal zu kaufen. »Salto do Cavalo«, Pferdesprung, nennen die Einheimischen das abschüssige Areal, auf dem

Williams Traum Wirklichkeit werden soll. Kein einfaches Unterfangen, selbst für einen erfahrenen Architekten wie George Somers Clarke, unter dessen Ägide gerade das Shepheard's Hotel in Kairo fertig gestellt worden war.

1887 beginnen auf dem felsigen Pferdesprung-Terrain die Bauarbeiten für das Reid'sche New Hotel. Doch William Reid erlebt ihr Ende nicht mehr. Er stirbt drei Jahre vor der Eröffnung des Hauses, das heute seinen Namen trägt. Seine Gebeine werden auf dem Englischen Friedhof von Funchal bestattet.

William junior und sein Bruder Alfred, beide in England ausgebildet, übernehmen die Leitung des neuen Hotels. Schon bald geben sich Berühmtheiten aus aller Welt dort die Klinke in die Hand. Nachdem die Kaiserin von Österreich das Haus 1893 mit ihrem Aufenthalt quasi geadelt hat, trägt sich 1901 zum Beispiel Captain Scott ins Gästebuch ein – auf seinem Weg in die Antarktis. Ende 1924 lässt sich George Bernard Shaw von seiner Frau Charlotte überreden, auf Madeira eine Zeit zu genießen, die »Blumen, Sonnenschein, Baden und kein Theater« beinhalten sollte. Der Autor ist zu dieser Zeit achtundsechzig Jahre alt und spielt mit dem Gedanken, das Schreiben aufzugeben. Kaum angekommen im »Reid's«, erreicht ihn die Nachricht vom Tod seines Freundes William Archer. Um sich von seinen traurigen Gedanken abzulenken, bucht er im Hotel eine Tango-Lektion bei Max Rinder. Am 12. Februar 1925 schreibt er auf dessen Erinnerungsbild: »To the only man who ever taught me anything …«

Bis 1925 bleibt das »Reid's« in Familienbesitz; dann müssen Williams Erben wegen wirtschaftlicher Schwierigkeiten verkaufen. Ein britisches Unternehmen führt die Geschäfte weiter. 1937 übernimmt dann die Weinhändler-Familie Blandy das Haus. Sein Speisesaal trägt damals den Beinamen »House of Lords«, weil so viele britische Peers sich hier verköstigen lassen. Doch auch der Reigen der Regenten, Literaten und Künstler geht weiter unter den neuen Besitzern. Der Dichter Rainer Maria Rilke logiert in der noblen Klippen-Herberge, der Autor John dos Passos, eine internationale Riege von Prinzessinnen und Prinzen. Auch Italiens König Umberto und Dänemarks Königin Ingrid, das Regentenpaar von Schweden, der Aga Khan und der von Fidel Castro besiegte kubanische Diktator General Fulgencio Batista stehen im Gästebuch. John Huston und Gregory Peck nächtigen im »Reid's«, als sie Mitte der fünfziger Jahre hier »Moby Dick« drehen. Roger Moore gab sich die Ehre, Mario Soares und eine Fülle anderer Politiker, Schauspieler, Schriftsteller von Rang und Namen.

Ob Cristiano Ronaldo ebenfalls zu den illustren »Reid's«-Gästen zählt, habe ich vergessen zu fragen. Vielleicht lässt sich der Fußballstar, dessen Karriere in den neunziger Jahren bei CD Nacional Madeira begann, bei seinen Inselbesuchen ja einfach nur von der Verwandtschaft verwöhnen. Schließlich ist der Kicker – der seinen Namen übrigens nicht etwa dem großen brasilianischen Superstar verdankt, sondern der Vorliebe seiner Eltern für den amerikanischen Präsidenten Ronald Reagan – in Funchal geboren und aufgewachsen.

Ewiger Schlaf unter dem Trompetenbaum

Viele kamen einst der Gesundheit wegen nach Madeira, hauchten dort aber ihre Seele aus

Zunächst waren es nur die Engländer, die das milde, das ganze Jahr über kaum von drastischen Temperaturschwankungen befallene Klima der portugiesischen Atlantikinsel schätzten. Sie legten einen Zwischenstopp ein auf Madeira bei ihrer Rückreise in die Heimat von den englischen Kolonien in Indien oder Afrika, um sich von den tropischen langsam wieder an europäische Wetterbedingungen zu gewöhnen. Oder sie blieben gleich ganz da, bauten sich ihre Landvillen vor den Toren von Funchal und betätigten sich im Handel mit dem berühmten Madeirawein.

Im 19. Jahrhundert indes wurde Madeira plötzlich »in« als Reiseziel. Aus allen Teilen Europas und auch aus weiteren Ecken der Welt kamen mit einem Male die Fremden auf das vulkanische Eiland mit seinen verwegenen Schluchten und reizvollen Gärten. Kaiser, Könige, Künstler – alle wollten einen Teil des Jahres auf der »Blumeninsel« verbringen.

Viele kamen allerdings nicht der Sonne oder der Geschäfte wegen, sondern auf Anraten ihres Arztes. Denn Madeiras mildfeuchtes Klima galt damals als hervorragende Medizin bei Atemwegsbeschwerden, schwachem Herzen und »nervösen Störungen« – ein dehnbarer Begriff, der eine Vielzahl von Problemen umschrieb, viele davon eher psychischer denn physischer Art. Doch so mancher, der Heilung suchte auf der blütenreichen Atlantikinsel fand dort nur sein Grab. Zum Beispiel auf dem Friedhof von Monte.

Der kleine Gottesacker zeichnet sich durch seine spektakuläre Lage aus: übereinander gestaffelt in flachen, heckengesäumten Terrassen, von denen man einen herrlichen Blick hat auf die Bucht von Funchal. In einer langen Prozession muss der Sarg von der Kirche zu dem Gräberareal auf dem Felsvorsprung getragen werden. Fast drei Jahrhunderte fanden die Verstorbenen hier absoluten Frieden, inmitten prächtiger Natur. Inzwischen jedoch herrscht reger Betrieb am Himmel über den Gräbern, deren schmiedeeiserne Kreuze mit ihren runden »Bäuchen« fast ein wenig an kleine Weinfässer erinnern: surrend und schattenwerfend gleiten die Kabinen einer modernen Drahtseilbahn zwischen Funchals Hafen und den tropischen Monte-Palace-Gärten über den Rand des *cemitério* hinweg.

Vergleichsweise still ist es dagegen auf dem »Cemitério ingles«, dem Englischen Friedhof von Funchal. Er liegt in der Rua da Carreira, unweit des Santa-Clara-Klosters, hinter hohen Mauern und einem schönen schmiedeeisernen Tor. Um hineinzukommen in das verschlossene Areal, muss man an der kleinen Pforte etwa dreißig Schritte straßenaufwärts klingeln.

Die Bezeichnung englischer Friedhof ist eigentlich falsch. Denn der 1887 angelegte Gottesacker ist nicht nur Briten vorbehalten, sondern bietet bis heute Protestanten jeglicher Nationalität die letzte Ruhestätte. Schwedische, polnische, russische, dänische Namen lassen sich auf den Grabsteinen und Stelen entdecken, ja selbst deutsche sind dabei. So ruht in der auch hier fruchtbaren Erde, aus der blühende Büsche und hohe Bäume sprießen, zum Beispiel Hermann Freiherr von Tucher aus München. »Christus ist mein Leben, Sterben mein Gewinn« lautet die gemeißelte Botschaft über den 1871 beigesetzten Gebeinen des jungen Bayern. Er wurde nur knapp zweiundzwanzig Jahre alt. Drei Jahre länger war Guillermo Droege aus Holstein das irdische Dasein vergönnt. Geboren wurde das junge Nordlicht übrigens in Tampico in Mexiko. Vielleicht hatte er auf Madeira eine Ahnung der dortigen Wärme gesucht. Oder er war ein Seemann, den das Meer an die Küste Madeiras brachte. John Bruggemann aus Bremerhaven, der nur ein paar Ecken weiter unter der Erde liegt, könnte sein Schicksalsgenosse gewesen sein.

Was Paul Simons nach Madeira trieb, vermag der Friedhofsbesucher nur schwer zu erraten. Doch stolz ließen die Hinterbliebenen seinen Status auf die Marmorplatte schreiben, die nun, halb verdeckt von einem Trompetenbaum, in der zur Straße gehenden Friedhofsmauer eingelassen ist: Leutnant im königlich-preußischen Infanterieregiment No. 38, steht da unter dem Namen zu lesen. Kurz vor seinem dreißigsten Geburtstag schloss der schneidige Soldat für immer seine Augen.

Genau in der gegenüberliegenden Friedhofsecke, ebenfalls halb verborgen von Blattwerk und Geäst, liegt eine Grabplatte im Erdreich, deren Aufschrift zumindest all jenen, die naturwissenschaftlich oder medizinisch bewandert sind, ein Aha-Erlebnis beschert. Professor Paul Langerhans steht da über den Jahreszahlen 1847–1888 zu lesen, Doctor Medicinae. Dunkel erinnern wir uns: Langerhans'sche Inseln ... Tatsächlich: Schon als junger Mann entdeckte der Berliner Pathologe diese rundlichen Zellhaufen in der menschlichen Bauchspeicheldrüse, die das Insulin und das Glucagon absondern und heute seinen Namen tragen.

Wissenschaftler, Doktoren, Freiherren und Soldaten – der Tod machte sie alle gleich auf Madeira. Mag sein, dass die eine Grabstele kostbarer ausfällt als die andere, dass die Natur dem einen Grabkreuz oder -stein schon mehr zugesetzt hat als dem benachbarten. Aber ohne Ansehen von Rang und Profession sind alle Toten in der Archivkammer des Friedhofs akribisch in einer Riege dicker, ledergebundener Kladden verzeichnet – nur geordnet nach Namen und dem Tag ihrer Beisetzung.

So findet sich unter dem Buchstaben P beispielsweise eine gewisse Mary Luise Phelps – sicherlich Nachfahrin jener englischen Familie, aus der auch das als geniale Vermarkterin der traditionellen Madeirastickerei am englischen Königshof berühmt gewordene Fräulein Elizabeth Phelps entstammt. Ebenfalls unter P verzeichnet ist der 1888 verstorbene Georg Pepple. King of Bonny steht auf dem Gedenkstein über seinem Grab – was immer das auch bedeuten mag.

Charles Blandy Cossart verließ diese Welt ohne weitere Hinweise auf seine Person. Nur sein Name ist auf der Totenstele vermerkt. Doch wer in Madeira-Reiseführern blättert oder mit offenen Augen durch Funchal geht, stößt immer wieder auf den Namen Blandy. Die englische Familie zählt zu jenen alteingesessenen Briten, die als Weinhändler auf die Insel kamen. Auch die Cossarts waren im gleichen Metier tätig.

Ebenfalls zunächst im Weinhandel verdingte sich ein junger Schotte. Sein schlichtes Grab trägt nur Name, Geburtsort und Lebensdaten: William Reid 1822–1888. »Aber jeder kennt ja das ›Reid's‹«, schmunzelt Senhor Almada.

Der rundliche Herr ist einer jener Madeirenser, die sich in ihrer Freizeit um die Administration und die Besucher des »Englischen Friedhofs« kümmern. Ansonsten trägt Senhor Almada eine schmucke graue Uniform und steht hinter dem Conciergetresen eines Nobelhotels. Das historische Haus inmitten eines üppigen Klippengartens heißt übrigens nach seinem schottischen Gründer …

Am Fädchen zu den Wellen

In den Westen Madeiras führt erst seit den fünfziger Jahren eine Straße

Der alte Taxifahrer am futuristisch neu gestalteten Flughafen Santa Catarina mag es kaum glauben: Nach Ponta do Pargo? »Isto fica no fim da ilha« – das liegt doch am Ende der Insel. Es klingt, als wolle er sagen: am Ende der Welt. Und irgendwie kommt er dem Ganzen damit recht nahe. Rund eine Autostunde westlich von Funchal ist Madeira, die steil aus dem Atlantik aufragende Blumeninsel mit ihren rotschwarzen Gipfeln, wilden grünen Tälern und üppigen bunten Gärten tatsächlich zu Ende. Und noch weitgehend in einem Zustand, als sei die Zeit stehen geblieben.

Eine einzige kurvige Straße führt in diesen, trotz der neuen Tunnelverbindungen bei Calheta, Prazeres und Jardim do Mar noch immer abgelegenen Inselzipfel, hüfthoch gesäumt von den blauvioletten und weißen Köpfen der afrikanischen Liebesblume. Eukalyptus duftet, an den Fassaden der Dorfhäuser wuchern Oleander, Begonien, Kamelien, himmelsfarbene Chrysanthemen und waagenradgroße Kakteen. Auf den steil ins Meer ragenden Landzungen raschelt zwischen hohen Pinien ein kräftiger Wind.

Die Menschen im Westen sind wortkarg und sparsam mit Gesten; Touristen kennen sie noch nicht in Massen, sondern allenfalls als kleine Wandergrüppchen. Ältere Männer und Frauen sieht man noch oft mit der Sichel, die locker über der Schulter oder um den Hals hängt, und mit gigantischen Gras- oder Farnbündeln auf dem Kopf für den Bodenbelag ihrer Kuh- und Ziegenställe. Auch Mehlsäcke und andere kleine Lasten balancieren sie geschickt auf ihren Häuptern.

Deutlich unterscheidet sich das Landschaftsbild in dieser westlichsten Region vom Rest Madeiras. Ein Eindruck von Weite kommt auf, Taleinschnitte und Terrassenfelder zeigen sich großzügiger als anderswo. Kühe und Ziegen weiden, die Bauern können sogar kleine Traktoren einsetzen, um ihre Ackerflecken zu bewirtschaften. Die Ausbeute ist dabei vergleichsweise vielfältig und groß – denn die Erde ist fruchtbar, und es regnet relativ häufig. Bis zu drei Ernten gibt es im Jahr. Es werden Zwiebeln angebaut, Karotten, Kürbisse, Weizen und Wein. So manche Familie kultiviert auch Maracujas, Baumtomaten, Zitronen, Orangen, Birnen und Pflaumen sowie die berühmten *peros*, eine kleine, grünrote lokale Apfelsorte, der zu Ehren alljährlich im Herbst ein großes Fest gefeiert wird.

Viele der Felder liegen allerdings inzwischen brach, und so manches alte Bauernhaus verfällt, da die Bevölkerung abwandert in die Hauptstadt oder gar aufs Festland und in andere Ecken der Welt, nach Amerika, Venezuela, Brasilien oder Südafrika – da dort lukrativere und leichtere Jobs locken, vielleicht auch schon ein Onkel oder Schwager sein Glück gemacht hat.

In allen sechs Dörfern des Gemeindebezirks sieht man verfallene basaltgrau oder resedafarben getünchte Anwesen aus dem 18. und 19. Jahrhundert mit ihren Sitzmäuerchen am Eingang, Pergolen und Wasserbassins. Die Besitzer sind verstorben oder ausgewandert, ihre Nachkommen kümmern sich nicht mehr. Auch die beiden alten Dorfschulen stehen seit vielen Jahren leer. In einer von ihnen war zeitweilig ein Künstler untergekommen, der sich zurückgezogen hatte aus der internationalen Museums- und Galerienszene. Auf Wunsch des Pfarrers gestaltete er den neuen Gewölbehimmel der Kirche – mit Szenen aus der unmittelbaren Umgebung. Auch die Dorfbewohner kamen von da an mit Bilderwünschen: Sie orderten ein Porträt ihrer Kinder, wollten das Gesicht der Liebsten von einem Passfoto in Lebensgröße auf der Leinwand oder dem Zeichenkarton sehen. Sie fragten nach dem Abbild des Prachtstiers im Stall, nach dem Konterfei von San Pedro, der als Heiliger den Ort beschützt, oder sie baten um eine vertraute Landschaftsansicht. Vor allem der *farol*, der Leuchtturm, wurde immer wieder als Motiv gewünscht.

Das weiß-rote Signalgebäude auf der Rocha da Vigia wurde 1922 eingeweiht. Es ist – außer der Kirche – die einzige wirkliche Attraktion von Ponta do Pargo. Vom asphaltierten Platz an seinem Fuß und von der breiten Klippe davor bietet sich ein grandioser Blick auf die Küste. An ihrem Saum liegen schmale Kiesstrände und Felder, die aber nur unter größten Mühen zugänglich sind. Früher gab es hier, wie an mehreren anderen steilen Stellen der Westküste, einfache Transportlifte. Mit diesen *teleféricos*, von den Einheimischen oft schlicht auch nur *fio*, Fädchen, genannt, brachte man Vieh und Ackererzeugnisse hinunter zu den Booten, auf denen alles per Seeweg nach Funchal gelangte, Mensch, Tier und Ware. Eine befahrbare Verbindung über Land zur Hauptstadt existierte nicht; die Straße wurde erst 1950 gebaut. Und selbst auf ihr dauerte die Fahrt anfänglich noch vier Stunden.

Über die gesamte Insel zogen sich einst nur Pfade, zum Teil gepflastert, aber allenfalls breit genug für einen Esel. Inzwischen bilden diese *veredas*, über die auch die Sänftenträger mit Kranken, Alten und fußfaulen Reichen balancierten, zusammen mit den schmalen Trittbändern längs der *levadas*, der historischen Bewässerungsrinnen, ein willkommenes Terrain für Wanderer. Auch unterhalb der Kirche von Ponta do Pargo verläuft eine historische *vereda* – die *levada* beginnt einige Kilometer oberhalb, man folgt zunächst der Straße hinter der Post.

Diese, das Gotteshaus, zwei Banken, ein Restaurant, die neue Apotheke mit privater Miniklinik, eine Handvoll Ladenbars und seit Jüngstem der unfassliche Klotz eines Gemeindezentrums von postsalazaristischem Gepräge bilden den Kern von Ponta do Pargo. Auf dem rechteckigen, von einer mächtigen Acácia Draco beschatteten Platz vor der Kirche wird regelmäßig gefeiert: Zahlreiche Buden aus Lorbeerzweigen säumen dann das Areal, und für die Musik wird eigens ein Podium errichtet. Wenn die *banda* eine Pause macht und die Instrumente weglegt, stimmt mitunter einer der Männer einen kehligen Sprechgesang an, der an den berühmten *fado* erinnert, aber auch an afrikanische Sklavenlieder. An solchen dörflichen Festtagen scheint Funchal mit seinen Hotelpalästen und Touristenscharen tatsächlich nicht nur rund siebzig Straßenkilometer, sondern Lichtjahre entfernt. Am Ende der Welt sozusagen.

Süße Chinesinnen und würzige Lorbeerspieße

Madeiras Küche trägt traditionell bäuerliche Züge

Das Paradies öffnet morgens um sieben. Es trägt den schlichten Namen »Mercado dos Lavradores« und liegt im Herzen des alten Funchal. Die Pforte säumen blau-weiße Kachelbilder und prächtige Blütenbouquets in allen Formen und Farben. Im offenen Hofgeviert dahinter beginnt das Reich von Obst und Gemüse. Süßkartoffeln, Yams, die stachelig-grünen Pimpinelos, gesprenkelte Bohnen, rot-weiße Rübchen und die eierförmigen, rotvioletten Baumtomaten türmen sich in grob geflochtenen Stulpenkörben. Mango, Papaya, Guaven, Bananen, Feigen, Zitronen, Zuckerapfel, Kirschmyrthe und Dutzende anderer exotischer Früchte, hübsch aufgeschichtet zu Pyramiden oder arrangiert zu flachen Reliefs, betören auf der Empore das Auge.

»Dank der verschiedenen Mikroklimata wächst tatsächlich fast alles hier auf der Insel«, freut sich Benoît Sinthon, den es vor rund zehn Jahren von Aix-en-Provence nach Madeira verschlug. Im legendären Reid's – heute Reid's Palace – stand er seither schon am Herd und in der Casa Velha do Palheiro, einem luxuriösen kleinen Quinta-Hotel mit großem Golfplatz. Die Produktfülle der Atlantikinsel und die traditionsreichen Rezepte der ursprünglichen madeirensischen und portugiesischen Bauernküche bilden die Basis für Benoîts Kreationen – allerdings bearbeitet mit französischen Techniken und angereichert mit mediterranen Attributen. Das Ergebnis zeigt sich auf dem Teller beispielsweise in Gestalt einer Süßkartoffelsuppe mit Mascarponecreme oder einer Roulade von Lachs und schwarzem Degenfisch auf Safransauce.

Apropos Degenfisch: der *pesce espada*, wie er auf Portugiesisch heißt, ist so etwas wie das Nationalgericht Madeiras. Mit gebackener Banane oder in Wein und Knoblauch kommt er in nahezu jeder Dorfkneipe auf den Tisch. Im Fischerort Câmara de Lobos gilt der gebratene Rogen des Degenfischs als Spezialität; in Funchal bietet ein Restaurant die Fischeier gekocht als wunderbar würzige Vorspeise oder als Beilage an. Manche Madeirenser schwören auch auf die gebratenen großen Augen des *espada*, andere halten den ganzen Kopf für das Beste. Nun ja.

Schwarz glänzen die schlanken Leiber des aalförmigen Atlantikfischs, der mit langen Spezialangeln nachts aus gut sechshundert Metern Tiefe herausgeholt wird, auf den feuchten Steintischen des Arbeitermarktes. Wie unelegant wirken daneben die Thunfischkolosse! Oder der stachelige Drachenkopf. Auffordernd winkt einer der Verkäufer zu seinem Sortiment: Zackenbarsch hat er zu bieten, riesige Seeteufel, Oktopus und knallrote Papageienfische.

Auch Katzenhai und *gaiado*, eine kleine Thunfischart, sind in Madeiras Gewässern heimisch. Gleiches gilt für den Schwertfisch und die Sackbrasse (*pargo*), von der sogar ein ganzer Ort auf der Insel seinen Namen hat. Seltener findet man *cavaco*, eine spezielle Langustenart, die aussieht wie ein Stück Fels. Und meist nur saisonal gibt es Meeresschnecken (*caramujos*), die flachen, breiten *castanhetas* und frische Napfschnecken, die *lapas*. Auf einer heißen, geriffelten Metallplatte serviert, gewürzt mit Butter, Knoblauch und Zitrone, werden diese Meerestiere mit pyramidenförmigem Gehäuse meist als Vorspeise gegessen. Köstlich! Eine schmackhafte Abwechslung zu Meeresfisch und -getier bieten die frischen Bergforellen. Sie werden an zwei Stellen Madeiras gezüchtet, in Seixal und in Ribeiro Frio.

»Wir brauchen wirklich außer den noblen Produkten kaum etwas zu importieren«, strahlt Chef Benoît. Er hat inzwischen auf der Insel eine verlässliche Quelle für Milchferkel und Schweinefleisch; bezieht aus Santo Antonio da Serra Freilandhühner und hat einen eigenen Garten angelegt für Kräuter und Babygemüse. Nur beim Rindfleisch hapert es ein wenig – denn das essen die Einheimischen am liebsten selbst: als *espetada*, einen über der Glut gegrillten Spieß. Am besten schmeckt diese zweite bäuerliche Spezialität Madeiras übrigens auf den zahlreichen Dorffesten, wenn die Fleischstücke noch nach traditioneller Art zubereitet werden und das Holz des Lorbeersteckens seinen Duft an sie abgibt.

Der alte Herr im Sonntagsanzug zählt zu den ersten Festbesuchern. Sorgsam inspiziert er die unter dem Blätterdach des dritten Standes baumelnde Rinderhälfte. Das Wasserglas mit gelblich-trübem Wein fest in der Hand, deutet er über den Tresen auf die magere Schulterstelle. »Davon ein Kilo.« Bedächtig säbelt der Verkäufer das Gewünschte ab, wiegt es, schneidet es in große Würfel, wendet diese in grobem, mit Knoblauch und Lorbeerrinde vermischtem Salz und spießt sie auf den Lorbeerstecken. Zischend brutzelt die *espetada* dann über der Glut, die in aufgeschnittenen Öltonnen schwelt.

Freunde, Nachbarn, Familien haben sich inzwischen um die Tonnen geschart. Genüsslich zupfen sie das saftig gebratene Fleisch mit bloßen Fingern von den Pflanzenstängeln. Manche ziehen es auch gleich in ein frisch gebackenes Brot: den *bolo do caco*. Der runde, flache Fladen, so heißt es, sei afrikanischer Herkunft. Ursprünglich jedenfalls wurde er auch auf Madeira im Tontopf gebacken. Und mit Süßkartoffeln angereichert. Inzwischen benutzt man Eisenplatten und für den Teig fast nur noch Mehl. Am Wochenende bieten manche Bauersfrauen *bolo do caco* auch irgendwo am Straßenrand an – wie auf den Festen wahlweise »natur« oder noch warm aufgeschnitten und mit Kräutermargarine bestrichen.

Bestens passt ein solcher Fladen auch zum *frango* – ebenfalls ein beliebtes Festgericht der Madeirenser. Flügel und Keulen weit gespreizt, brutzeln die Hühner im Ganzen auf dem Rost. Im Alltag verzehrt man auf der Insel gerne *bife*, ein meist recht dünnes Steak. Häufig wird es in Form eines Sandwichs mit Salatblatt und Tomate serviert. Dann nennt es sich *prego na prato*, was übersetzt etwa »Nagel auf dem Teller« bedeutet. Keine Ahnung, woher diese kuriose Bezeichnung stammt. Ein beliebtes Gericht auf der Insel ist auch *carne vinho e alhos*, für das Schweinefleisch zunächst mehrere Tage in Wein und Essig mit reichlich Knoblauch und Lorbeer eingelegt und dann in dieser Marinade geschmort wird.

Madeiras Küche ist vom Ursprung her eine bäuerlich-schlichte. Das zeigt sich schon beim Aperitif. Ein Glas Wein, ein *whiskysinho*, ein Bier von der Insel (ja, das gibt es, sogar vom Fass, und zwar dann unter dem schönen Namen »Imperial«) oder eine *poncha* – viel größer ist die Auswahl nicht. Die *poncha*, angeblich erfunden von den Fischern aus Câmara de Lobos, um nach ihren nächtlichen Fangfahrten die kalten Glieder zu wärmen und Vitamine zu sich zu nehmen, gilt als Nationalgetränk der Insel. Eine echte *poncha* wird vor den Augen des Bestellers stets frisch gemixt – und zwar per Hand, mit einem hölzernen Quirl. Und ausschließlich aus Zuckerrohrschnaps (der noch von knapp einer Handvoll Firmen auf der Insel hergestellt wird), Zitronensaft und Honig. Wo es die beste *poncha* gibt, zeigen, vor allem am Wochenende, die Menschentrauben vor den entsprechenden Bars.

Zu ihrem Glas Wein, Bier, Whisky oder *poncha* mögen die Madeirenser gern eine Kleinigkeit schnabulieren. Daher lautet die Frage am Tresen guter Bars regelmäßig nach *dentinhos*, zu Deutsch etwa: was fürs Zähnchen. Die Antwort kann sehr unterschiedlich ausfallen. Häufig besteht sie in einem Tellerchen mit würzig eingelegten Lupinenkörnern (*tremosas*). Deftigere Varianten sind Hühnermägen und Kleingeschnetzeltes vom Schwein. Was genau, wollen Sie wissen? Nun gut – Schnauze und Ohren.

Genauso wichtig wie die *dentinhos* sind die *sobremesas*, also die Desserts, und die Süßigkeiten. Während der Nachtisch meist aus frischen Früchten oder Maracujapudding besteht (Letzterer inzwischen meist aus der Packung), gibt es eine vielfältige Backtradition auf der Insel. Ihr Aushängeschild ist der *bolo de mel,* der Honigkuchen. Sein Name ist freilich irreführend, denn der schwarzbraune, runde Gewürzkuchen ist nicht mit Bienenhonig, sondern mit Zuckerrohrsirup aromatisiert.

Selbstverständlich wird auch in der Fábrica de Santo Antonio Honigkuchen gebacken. Bereits 1893 wurde das Unternehmen in Funchal gegründet – und bis heute hat es sich kaum verändert. Versteckt liegt es in der Nähe der Ponte Nau Sem Rumo, der Brücke des kurslosen Schiffs, in einer schmalen Gasse mit Namen Travessa do Forno, zu Deutsch: Ofendurchschlupf.

Jeder Einheimische kennt den dunklen Eckladen mit den wandhohen Holzregalen, den holzgefassten Glaskästen und den Tresenvitrinen, in denen *pasteis de natas, quejadas* und andere Leckereien aus viel Sahne und vielen Eiern locken. Aber man kommt eigentlich nicht wegen dieser Kalorienbomben. Schon eher wegen der hausgemachten Eiscreme aus den tropischen Inselfrüchten. Oder wegen der *doces,* der Marmeladen und Gelees aus denselben. Hauptsächlich aber kaufen die Madeirenser in der Fábrica die berühmten Fenchelbonbons, die *rebuchos de funcho.* Und Kekse. Senhor Manuel und Dona Margarida, zwei der insgesamt fünfzehn, meist altgedienten Angestellten des Familienbetriebs, helfen an diesem Morgen bei der Auswahl. Denn das Sortiment der *bolachas* ist groß. Rein aus Weizenmehl, mit Ingwer, reichlich gebuttert und sogar glutenfrei. Wir entscheiden uns nach langem Zögern für die legendären »Marias« – allein schon wegen des nostalgischen Etiketts. In einem dunkelblauen, unregelmäßigen

Kreis, umgeben von züngelnden Flammen, zeigt es den Heiligen Antonio mit Mönchskutte und Tonsur, im Arm einen nackten Knaben und eine blühende Narzisse. Namenspatronin Maria ist lediglich als blau-weißer Schriftzug unter den beiden präsent. Und schwebt damit über dem halbkreisförmigen Letternband »bolacha da ilha da madeira«.

»Was übrigens nur wenige wissen«, erzählt Jorge Bettencourt Sardinha, in vierter Generation verantwortlich für die Geschicke der Fábrica de Santo Antonio: »Es waren unsere bolachas, die in den fünfziger Jahren auf den Schiffen der National Navigation Company auf der Afrika-Route angeboten wurden.« Beim Zwischenstopp der Ozeanriesen im Hafen von Madeira wurden die »heiligen Kekse« geladen. Vielleicht braucht die Fábrica de Santo Antonio deshalb bis heute keine Werbung zu machen für ihre Produkte. »Jeder kennt uns«, strahlt Senhor Sardinha. Und selten verlässt ein Kunde mit leeren Händen den bis an die Decke mit Leckereien vollgestopften Laden.

Ein letztes Wort noch in Sachen Gaumenkitzel, eines zum Kaffee. Er wird natürlich nicht nur zu den Keksen des heiligen Antonio getrunken, sondern eigentlich in jeder Lebenslage. Morgens, mittags, abends, als Frühstück, nach dem Essen und gerne auch immer dann, wenn gerade mal eine kleine Pause angesagt ist im Laufe des Tages. Mit anderen Worten: eigentlich immer. Wie jeder Angehörige einer bekennenden Kaffeenation hat auch der Portugiese – und in diesem Fall der Madeirenser – bei dem »Türkentrank« seine speziellen Vorlieben und Vokabeln. Möchte er ihn klein und schwarz, ordert er eine *bica*. Soll das Gebräu mit etwas Milch aufgehellt werden, verlangt man einen *garoto*. Viel Milch und Kaffee zusammen in einer großen Tasse ist auf Madeira *uma chinesa*, eine Chinesin. Überwiegt der Milchanteil, handelt es sich um einen *galão* – zu deutsch: einen Straßenjungen. Wird dem Kaffee ein Schuss Alkohol zugesetzt, heißt das *pingado*, von *pinga*, dem Tropfen. Septemberkaffee – *o café do setembro* – hingegen hat weder was mit Bohnen noch mit Herbst zu tun. Vielmehr nennt die Landbevölkerung der Insel so ihren selbst gekelterten Tafelwein.

Talentierter Taxista

Ein Lohnkutscher, der Kaffee braut, Waschpulver verkauft, den Inselpräsidenten zeichnet und sein eigenes Leben aufschreibt

Als ich das erste Mal auf ihn wartete, wachte ich die halbe Nacht. Ein weißer, voller Mond goss sein Licht wie einen Schwall frischer Milch aus der Schwärze des Himmels über das Dorf. »Schlaf«, murmelte der Mann neben mir, »es ist noch viel zu früh.« Aber ich fand keine Ruhe. Angestrengt horchte ich hinaus in die Stille. Irgendwann hörte ich ein Moped knattern. Dann wieder nur stummes Nichts. Vor dem Fenster hing nun dichte Dunkelheit, schwach punktiert von blassen Sternen und dem gelbroten Flackern ferner Straßenlaternen.

Endlich klingelte der Wecker. Fünf Uhr zehn. Rasch die Zähne geputzt, in die Kleider geschlüpft, den Koffer aus der Tür gezerrt. Draußen herrscht noch immer tintige Finsternis. Und kein Laut weit und breit. Meine Nerven vibrieren. Wird er wirklich kommen? Da – ein Motorengeräusch auf dem Hügel. Aber es nähert sich nicht. Der Uhrzeiger rast. »Calma«, sagt leise eine Stimme in mein Ohr, »reg dich nicht auf. Er ist immer pünktlich.« Endlich sehe ich ein Scheinwerferpaar in der Kurve aufleuchten. Sekunden später rauscht ein sonnengelber Kleinbus an unserem Haus vorbei. »Stopp« will ich schreien. Eine Hand auf meiner Schulter hält mich mahnend zurück. »Er dreht nur um – dort oben bei Antonio ist mehr Platz zum Wenden.«

Nach einer weiteren kleinen Ewigkeit steht Senhor Luiz mit seinem Sammeltaxi endlich vor mir. Das aschblonde Haar wassergekämmt, die Zigarette in den linken Mundwinkel geklebt, wünscht er fröhlich guten Morgen, verstaut rasch das Gepäck und hilft mir höflich ins Fahrzeug hinein. Kaum habe ich Zeit, dem Zurückbleibenden mein letztes Adieu zu sagen, schon brausen wir los.

Kundig treibt Senhor Luiz seinen Kleinbus durch die unzähligen Windungen der Strecke, das Fenster halb offen, das Radio laut. Allmählich schälen sich aus dem blauen Schatten des Morgens die Konturen der Landschaft. Auch die Gesichter der Menschen auf den Sitzen neben und hinter mir gewinnen langsam sichtbare Züge. Ich erkenne die Runzeln der alten Frau mit Kopftuch auf der Rückbank, die glatten Wangen ihrer Nachbarin und die reich geschmückten Ohren der Dame, deren schwerer Zopf wie das Ende eines Schals über der rechten Schulter liegt.

Fast alle Passagiere sind Frauen an diesem Morgen; nur auf den Beifahrersitz hievt sich irgendwann noch ein alter Mann. Senhor Luiz kennt jeden mit Namen, seit dreißig Jahren schon steuert er mindestens zwei, drei Mal pro Woche die Inselhauptstadt an: das Hospital, den Hafen, das Finanzamt – und dazwischen oder danach einige Wunschhaltestellen.

Senhor Luiz fährt Taxi aus Leidenschaft. Natürlich tragen seine Transportdienste auch maßgeblich bei zum Familienunterhalt. Aber Luiz ist anders als seine Kollegen. Ein Sonderling spötteln manche im

Dorf; ein Multitalent jedenfalls. Sein sonnengelbes Sammeltaxi hat er selbst ausgerüstet – mit Haltestangen, Fahrgastraum-Abtrennung und allem, was sonst dazugehört. Schweißen, schrauben, auseinandernehmen und wieder zusammensetzen – Senhor Luiz widmet sich all diesen Tätigkeiten mit Fantasie und Leidenschaft. Dabei beschränkt er sich keinesfalls auf die Spezies Automobil. Auch kühne Skulpturen aus rostigen Granaten und anderem Eisenschrott, die sich – wie jene neben der Bushaltestelle – erst auf den zweiten Blick als Marienstele entpuppen und zur Weihnachtszeit Bestandteil einer kunterbunten Krippeninstallation mit allerlei Bewegungsmechanismen werden, gehören zum Repertoire von Senhor Luiz. »Parafuso«, die Schraube, nennt ihn deshalb im Dorf fast jeder, denn Spitznamen sind weit verbreitet auf Madeira. Nur in seinem Heimatort ein paar Kilometer weiter hat man sich noch eine andere Anrede für den Taxifahrer ausgedacht: »constructor avião« – Flugzeugbauer. Denn Senhor Luiz tüftelte lange Zeit auch an einer Himmelsmaschine. Als die Zeitungen einmal meldeten, dass ein Flugzeug am Insel-Airport wegen irgendeines technischen Schadens stundenlang nicht starten konnte und extra ein Techniker mit dem Ersatzteil aus Lissabon eingeflogen werden musste, fragte Senhor Luiz mit ernster Miene nur: »Warum haben sie denn nicht *mich* geholt?«

Der Satz fiel am Tresen einer Institution, die ebenfalls zu Senhor Luiz' Alltag gehört: der Bar Malta. Eigentlich ist der winzige Raum, Teil eines ebenso winzigen Krämerladens, das Reich von Louis' schwarzlockiger Gattin Elsa, die dort wie eine mütterliche Königin regiert. An taxifreien Tagen indes – und vor allem an den Abenden – führt Louis das Zepter in Laden und Kneipe. Kaum drei Meter misst der Abstand zwischen Flaschenkühlschrank und betagter Espressomaschine. Über dem Kalender dröhnt der Fernsehapparat mit einem einzigen Sender. Und die Kunden drängen sich vor dem brusthohen Ausschank in Dreierreihen, ja manchmal sogar bis zu den Regalen mit Knoblauch, Kartoffelchips, Waschpulver und Elektrosteckern.

Hinter dem hölzernen Schanktisch wirbelt Senhor Luiz mit Körper und Geist. Erinnerungen, politische Kommentare (der *taxista* stand sogar mal auf der Abgeordnetenliste einer Partei), Pläne für irgendwelche technischen Konstrukte, Taschenspielertricks (die Kaffeetasse, die plötzlich fällt oder »wandert«), Sprachakrobatik (der Barname »Malta« so lerne ich hier eines Tages, habe nichts zu tun mit der gleichnamigen Insel, sondern entstamme dem portugiesischen Wort für Gruppe, Meute, Ansammlung) – rasch wandelt sich mit Luiz' Anwesenheit die Betonbude zur Jahrmarktbühne und Philosophenstube.

Aber der vierfache Vater belässt es nicht beim gesprochenen Wort. Eines Tages zieht er eine Kladde unter dem Tresen hervor und verkündet lakonisch, er habe begonnen, seine Memoiren zu schreiben. »Zumindest jene aus der Jugendzeit.« Sie beginnen damit, dass er, knapp vierzehn Jahre alt und vaterlos, mit gefälschten Papieren aufbricht nach Mosambik und von dort als Illegaler nach Südafrika einreist, wo er auf der Straße schläft und mit Gelegenheitsjobs ein paar Rand verdient. Bis zu den Jahren als Soldat spannt sich der Bogen der Erinnerungen – denn Luiz geht mit achtzehn zurück nach Mosambik, in den Krieg –, um endlich ordentliche Papiere zu bekommen.

Mehrere Monate notiert Senhor Luiz Zeile um Zeile die wohl prägendsten Momente und Eindrücke seines jungen Lebens. Dann erklärt er eines Tages, wieder am Bartresen und auf die gleiche lakonische Weise, das Projekt für beendet. Doch den Stift legt er nicht mehr aus der Hand. Fast scheint er ihm zum neuen Freund geworden. Zwar kritzelte er mit ihm schon früher immer wieder irgendwelche Zeichen und Zeichnungen auf ein Stück Einwickelpapier, eine Zeitungsseite oder auf einen Fetzen Karton. Aber nun entstehen aus dem raschen Gekrakel mit einem Male Augen, Nase und Lippen, wölbt sich eine Stirn, wachsen Brauen und Haare, reckt sich ein Hals, funkelt ein Kreuz im Dekolleté. Der Schrauber und Flugzeugbauer ist zum Menschenzeichner geworden, zum Porträtisten. Fast jeden Tag hängt ein neues Werk von seiner Hand an der Wand der Bar, neben all den handgepinselten Sprüchen, Regeln, Verboten für die Gäste in Sachen Alkohol, Tabak, korrekter Bekleidung (Gäste mit nacktem Oberkörper werden nicht bedient!). Stets entstehen die Bildnisse aus der Erinnerung, aus genauer Beobachtungsgabe. Niemand sitzt oder steht dem Taxifahrer Modell, er wählt willkürlich die Person, die ihn gerade interessiert. Einmal hängt sogar der langjährige Inselpräsident bei Senhor Luiz am Haken – allerdings nicht naturgetreu porträtiert, sondern gestaltet als dicke Buddhafigur. Denn Ironie und Humor gehen bei *parafuso* Hand in Hand mit künstlerischem Talent und Erfindergabe …

Feuerzauber in der Fenchelbucht

Zu jedem nur erdenklichen Anlass feiern die Madeirenser ein Fest

Noch hämmert Senhor João kräftig am Stand seiner Gemeinde. Er ist mit einer Folkloregruppe extra aus Camacha angereist, um an diesem Wochenende mit zwei Dutzend weiteren madeirensischen Musik- und Tanzensembles die »24 horas a bailar« von Santana auszurichten. Zwei Tage und Nächte lang verwandeln die traditionsbewussten Frauen, Männer und Kinder aus allen Teilen der Blumeninsel den für seine Strohhäuschen bekannten Küstenort jeden Sommer in einen Konzertsaal unter freiem Himmel. Stunde um Stunde lassen sie vor dem Rathaus ihre Stimmen erschallen und ihre Instrumente erklingen, wiegen die Körper im Takt von Trommel, Violine, Akkordeon, Mundharmonika, Tambourin, Flöte, Laute, *braguinha* und *brinquinho*.

Der *brinquinho* ist die madeirensische Variante des Schellenbaums, der aus der türkischen Janitscharenmusik im 16. Jahrhundert nach Europa kam. Er besteht aus einem Stab, an dem mehrere Püppchen – Männlein und Weiblein in farbenfroher Tracht, oft noch mit bunten Bändern geschmückt – scheinbar ein fröhliches Wettklettern abhalten. Auf ihrem Rücken tragen sie *castanholas*, zwei lose miteinander verbundene hölzerne Klappern, ähnlich wie Kastagnetten. Oder in der Version des 21. Jahrhunderts:

Kronkorken im Doppelpack. Mittels eines im Inneren des Stabes verborgenen Stiftes schüttelt und dreht der *Brinquinho*-Spieler seine Püppchen, auf dass ihre »Rucksäcke« kräftig klingen.

Von der *braguinha*, einem kleinen, gitarrenähnlichen Zupfinstrument mit normalerweise vier, mitunter aber auch mit sechs oder acht Seiten, heißt es, aus ihr sei die hawaiianische Ukulele entstanden. Ein portugiesischer Einwanderer namens João Fernandes habe das meist kaum sechzig Zentimeter lange und zwanzig Zentimeter breite Instrument – mit dem übrigens Österreichs Kaiserin Sisi während ihres ersten Madeira-Aufenthaltes auf einem Foto posiert – 1879 von Madeira nach Hawaii gebracht. Dort bekam das Instrument den einheimischen Namen »hüpfender Floh« (uku-le-le). Die Bezeichnung spiegelt angeblich den Eindruck, den die Hawaiianer beim Anblick der sich schnell über das Griffbrett des Instrumentes bewegenden Finger des *Braguinha*-Spielers hatten.

Viele der gezupften, geschlagenen, geschüttelten, gestrichenen und gezogenen Klangerzeuger auf Madeiras Festen haben ihren Ursprung im Norden Portugals, im Minho. Gleiches gilt für die Trachten der Insel. Tatsächlich stammten die ersten Siedler der Atlantikinsel ja vom Festland, vor allem aus der heutigen Grenzregion zu Spanien. An diesem ersten Morgen der »24 Stunden zum Tanzen« jedenfalls tragen alle Musiker und Tänzer die traditionellen Trachten ihrer Herkunftsorte – die Männer meist mit Filzweste über dem weißen Hemd, Halstuch und auf dem Kopf der braunen Strickmütze mit Ohrenklappen oder dem flachen blau-roten Filzkäppchen, aus dem, wie eine kleine Antenne, ein langer, dünner, oft im Zickzack gebogener Zipfel ragt. Es sind die Frauen, die für die folkloristische Vielfalt sorgen, mit bunten Röcken, Blusen, Kopftüchern und Capes in allen Farben.

Am späten Nachmittag betreten die ersten Formationen die fantasievoll dekorierte, eigens errichtete Bühne. Bis weit in die Nacht erklingen ihre Melodien. Nach der Freiluftmesse am Sonntagmorgen, bei der sich Vertreter aller Gruppen in ihren Trachten um den Priester auf der Bühne scharen, geht es weiter mit den Vorführungen, den Tänzen, die zum Teil an die müden, monotonen Bewegungen der Sklaven erinnern, und den mitunter klagenden, ritualisierten Liedern. Wer gerade nicht auftritt, bietet selbst gemachte Leckereien wie Kuchen und weiße Käsebälle an oder Handarbeiten.

In dem kleinen Park gegenüber der Bühne stellen sich außerdem einige Inselorte mit ihren architektonischen oder kulinarischen Besonderheiten, ihren Traditionshandwerken vor. In einem Rund von einfachen Kojen erzählen sie anhand von Fotos, Objekten und mit allerlei anderen Mitteln von ihrer Gemeinde. Ein gigantischer Bilderrahmen aus Früchten und Blüten bildet das Eingangstor zu dem Reigen der Stände; die Straßenränder sind mit rot-blau-grün-weiß gestreiften Fähnchen geschmückt.

Die Madeirenser feiern gern und oft. Fast jeden Monat gibt es einen feierlich oder ausgelassen begangenen Termin. Schutzheilige, eine bestimmte Frucht, der Wein, der Karneval, die Schafschur, die Frühlingsblüte – für alles gibt es eine *festa*. Im Februar wuseln überall kleine Prinzessinnen herum, Kätzchen,

Ritter, Maikäfer, Bienchen, Blümchen, Feen, Räuber et cetera. Jeder Kindergarten und jede Grundschulklasse zieht stolz im Karnevalskostüm durch die Straßen. Meist haben Mama oder Oma die aufwendigen Outfits sogar selbst genäht. Am Abend des Karnevalsamstags streben die herausgeputzten Kids dann mit der ganzen Familie zur großen »Parade« in Funchal. Unter Bäumen und Lichterarkaden zieht sie sich mit ihren Tanzgruppen und Themenwagen vom oberen Ende der Avenida do Infante hinunter ins Herz der Inselhauptstadt. Seit Mitte der achtziger Jahre organisiert das Fremdenverkehrsamt dieses bunte, am Vorbild des brasilianischen Karnevals orientierte Spektakel, bei dem sich vor allem die zahlreichen Sambagruppen der Insel aufwendig in Szene setzen. Außerhalb Funchals zeigt der Karneval ein völlig anderes Gesicht: Ernst und manchmal recht derb prangert er lokale Missstände an oder mokiert sich über die Fehler bestimmter Zeitgenossen.

Besonders inbrünstig begehen die Inselbewohner ihre kirchlichen Feste. Viele von ihnen haben Wallfahrtscharakter. Durch girlandengeschmückte Straßen windet sich dann die Prozession der Gläubigen mit Priester und Heiligenstatue. Höhepunkt der religiösen Feierlichkeiten auf der Insel ist Maria Himmelfahrt Mitte August. Die Madeirenser ehren an diesem Tag die Schutzpatronin ihrer Insel: Nossa Senhora do Monte. Aus allen Ecken der Insel strömen die Pilger – motorisiert oder zu Fuß – zu diesem Anlass hinauf zu der Kirche von Monte hoch über Funchal. Schon zur Mittagsstunde am Vortag leiten Knallkörperschüsse die Feierlichkeiten ein. Am Abend schmücken dann Tausende von Lichtern die Fassade der Igreja Nossa Senhora do Monte und die Straßen des kleinen Ortes. Eindrucksvoll ist auch der dritte Septembersonntag in Caniçal: In einer Bootsprozession geleiten die Bewohner des Küstenörtchens bei dieser Festa do Senhora da Piedade die Marienstatue aus ihrer Kapelle über das Meer und wieder zurück. Und in Machico schlängelt sich im Oktober, bei der Festa do Senhor Milagres, eine Lichterprozession für den wundertätigen Christus durch die Nacht.

Ganz besondere Festivitäten sind natürlich auch auf Madeira Weihnachten und Silvester. Wer im Dezember auf die Insel kommt, sieht nicht nur knallrote Weihnachtssterne als meterhohen Busch, edle weiße Calla, in wildem Reigen aus feuchten Senken steigend, Feuerbegonien, die ersten Kamelien, Belladonna oder Schwanenhalsagaven. Ein buntes Lichterspektakel macht in diesen Tagen dem Farbzauber der Natur Konkurrenz. Aufwendig hat vor allem die Hauptstadt ihre Straßen, Bäume und Fassaden mit Leuchtketten geschmückt. Sie formen Sterne, Blüten, Bögen, Engel und andere fantasievolle Figuren. Fröhlicher Weihnachtsputz.

In bescheidenerem Ausmaß ist er auch in vielen Dörfern zu sehen. Ebenso wie die unzähligen Weihnachtskrippen. In allen Kirchen, aber auch am Straßenrand und vor so manchem Haus. Wer Glück hat, wird vielleicht auch hineingebeten in die Familienräume, wo die Bewohner stolz ihre selbst gebauten, oft bizarren *lapinhas* (Krippen) mit Maria, Joseph und dem Jesuskind zeigen.

Weihnachten ist auf Madeira ein reines Familienfest, der Jahreswechsel hingegen wird weitgehend öffentlich begangen. Schon am Silvesternachmittag strömt alles nach Funchal. Autoschlangen winden sich hinab zum Hafen, Großfamilien klettern aus Sammeltaxen, Busse bringen die Menschen aus den entlegensten Ecken der Insel. Jeder sucht den besten Platz für das mitternächtliche Feuerwerk: im Santa-Catarina-Park, auf der Mole, direkt auf der Hafenmauer. Auch die Kreuzfahrtschiffe haben am Kai schon festgemacht. Überall herrscht Gedränge, aber die Atmosphäre ist fröhlich entspannt. Liebevoll wird der Großmutter ein Klappstuhl aufgestellt, nachsichtig das Toben der Kinder toleriert, freundlich Platz gemacht für den Fremden, der schon aufgeregt mit der Digitalkamera hantiert.

Dann plötzlich ist es so weit. Mitternacht! Die ersten Leuchtraketen steigen in den schwarzen Himmel. Von den weißen Ozeanriesen weht das bassdunkle Tuten der Schiffshörner über die Stadt. Dann explodiert das bengalische Licht synchron allerorten. Auf den Berghängen ringsum, die sich wie ein Amphitheater zum Meer hin öffnen. Auf den Schiffen, auf dem Kai, auf der Promenade. Eine prachtvolle Leuchtkuppel legt sich minutenlang über die Bucht. Gleißende Kaskaden bannen den Blick, Girlanden, Palmen, Kreise, Spiralen. Es funkelt in allen Farben, mal monochrom lila, rot oder grün, mal kunterbunt. Gut eine Viertelstunde dauert die atemberaubende Lichtersinfonie. Danach löst sich die Menge auf zum Feiern: zu Hause, bei Freunden, im Restaurant oder Hotel. Manch einer aber klappt einfach nur seinen Kofferraum auf und holt das Picknick hervor: kaltes Hühnchen, frisches Weißbrot – und natürlich eine Flasche *champanhe*.

Auf der Suche nach Glück und Geld

Südafrika, England, Venezuela – fast jede Familie auf der Insel hat Emigranten in ihrem Kreis

Eines Tages sind sie verschwunden. Man trifft sie nicht mehr am Tresen der Dorfbar. Sie knattern nicht mehr mit dem Moped durch die schmalen Gassen der Gemeinde. Ihr dröhnendes Autoradio ist verstummt. Natürlich weiß die Familie Bescheid. Und so erfahren es bald auch Nachbarn, Freunde, Bekannte. Zu großen Zielen sind die Verschwundenen aufgebrochen: nach England, Südafrika, Venezuela, auf die Kanalinseln oder sogar in die Vereinigten Staaten. Reich werden wollen sie dort – oder zumindest wohlhabender als es ihnen bislang in der Heimat gelungen ist. Weit kommen die Glückssucher freilich meist nicht auf der Karriereleiter. Denn es fehlt ihnen in der Regel an Schulbildung und an einem erlernten Beruf. Stets haben sich diese Kinder der Ärmsten und Armen irgendwie durchgeschlagen. Als illegaler Fischer, als tapferer Besteller eines kleinen Terrassenackers, als Bauarbeiter. Ricardo mit den schwarz glänzenden, sich weit in den Nacken lockenden Haaren, stand mit seiner Frau auch häufig unter dem Lorbeerdach einer Festbude und verkaufte Getränke. Bruno goss Beton, mauerte, verlegte Dielen und schreckte, wie Ricardo, Manuel, José und all die anderen Verschwundenen, vor keiner noch so schweren körperlichen Arbeit zurück.

Doch irgendwie wollte der Verdienst nie für ein soziales Fortkommen reichen.

In einer letzten Anstrengung haben sie ihre kargen Ersparnisse zusammengekratzt, Familie, Freunde, den Paten um eine Spende gebeten, um sich ein Ticket zu kaufen ins vermeintlich bessere Leben. Sie stehen damit in einer langen Tradition. Denn schon früh trieben Armut – und möglicherweise auch eine gewisse Abenteuerlust – die Inselbewohner in andere Länder. Es heißt, es lebten heute mehr Madeirenser in Südafrika und Südamerika als auf der Insel selbst. Von Millionen ist die Rede. Die genaue Zahl kennt jedoch keiner. Fast jeder zwischen Funchal und Porto Moniz hat jedoch Verwandte im Ausland – und liest mit großer Anteilnahme die Meldungen von dort, die regelmäßig in den beiden madeirensischen Tageszeitungen erscheinen.

Bereits seit den Anfängen seiner Besiedlung kennt Madeira das Phänomen der Zu- und Abwanderung. Viele der aus dem Norden Portugals stammenden frühen Bewohner der Insel sahen diese nur als ihr Sprungbrett in die portugiesischen Kolonien. Aus Afrika, Arabien und von den Kanaren stammende Sklaven bevölkerten die Insel und kehrten nach ihrer Freilassung wieder in ihre Heimatländer zurück. Aus Italien und Flandern zugewanderte Zuckerhändler verließen Madeira, als billiger südamerikanischer Rohrzucker und das Aufkommen des Rübenzuckers ihre Geschäfte unrentabel machten. Die einheimischen Plantagen- und Fabrikarbeiter mussten anderweitig nach Beschäftigung suchen. In Scharen wanderten sie aus, oft auch zu den reichen afrikanischen Handelsplätzen Angola und

Mosambik, die sich die Portugiesen einverleibt hatten.

Gleiches geschah bei der nächsten wirtschaftlichen Krise, verursacht durch den Mehltau, der im 19. Jahrhundert fast den gesamten Bestand des Inselweins vernichtete. Direkt von der Insel konnten die Glückssucher aufbrechen zum Kap der Guten Hoffnung und den Diamantenfeldern Südafrikas. Denn es gab schon seit einiger Zeit zwei regelmäßige Schiffsverbindungen von Southampton über Madeira nach Kapstadt. Zwischen achtzehn und zwanzig Tage dauerte die Überfahrt mit den Dampfern der beiden Konkurrenzgesellschaften »Union Steam Ship Company« und »Donald Currie & Cie.«.

Aber auch nach Übersee zog es die verzweifelten Glücksritter. Selbst auf den Passagierlisten der »Titanic«, die bereits am vierten Tag ihrer Jungfernfahrt von Southampton aus in der Nacht vom 14. auf den 15. April 1912 mit einem Eisberg kollidierte und nur wenig später im Nordatlantik versank, standen drei Madeirenser. Dritter Klasse hatten sie gebucht. Sechsunddreißig Dollar kostete die Passage in dieser Kabinenkategorie, ein kleines Vermögen für die armen Emigranten. Ihre reichen Mitfahrer blätterten für die größten Suiten übrigens mehr als das Hundertfache hin.

Der wahrscheinlich größte Exodus der Insulaner beginnt in der Zeit nach dem Zweiten Weltkrieg, als Portugal unter dem repressiven Salazar-Regime ächzt. Es herrscht bittere Armut und Elend im ganzen Land; der Diktator hat es nach außen hermetisch abgeschlossen. Viele junge Männer werden gezwungen, in einen hoffnungslosen Kolonialkrieg zu ziehen und sterben. Aus wirtschaftlichen oder politischen Gründen kehren damals mehr als zwanzig Prozent der Bevölkerung Portugal den Rücken. Allein auf Madeira sollen das an die Achtzigtausend gewesen sein.

Felisbela und Manuel sind nur zwei von ihnen. Das Paar ging bereits in den fünfziger Jahren – jung, mittellos und hoffnungsvoll. Das erste Mal im Leben hatten die beiden Schuhe an den Füßen, extra angeschafft für die große Reise. Südafrika hieß ihr Ziel. Doch obwohl sie hart schufteten in der neuen Heimat, Jobs übernahmen, die niemand sonst wollte – das entbehrungsreiche Leben waren sie ja von Madeira gewohnt –, wollte das Glück nicht zu ihnen kommen. Die beiden leben heute in Johannesburg von der Sozialhilfe. Madeira haben sie nie wieder gesehen.

Anders als Manuel, der es sich inzwischen leisten kann, zu Weihnachten oder in den Sommermonaten zurück auf die Insel zu kommen. Er hat dort im Dorf seiner Kindheit sogar ein Haus gebaut und verdient so viel, dass er, wie es bei den reichen Emigranten Brauch ist, sogar als Sponsor für das Dorffest auftreten kann.

Senhor Manuel zählt zu der Generation jener Madeirenser, die in den frühen Sechzigern die Heimat verließen. Viele von ihnen opferten ihre Jugend beim Holzfällen und bei der Erdölgewinnung in Venezuela und Brasilien, andere eröffneten in den ärmsten Vierteln der südamerikanischen Metropolen, in Kapstadt, Johannesburg oder New York Tante-Emma-Läden, Imbissbuden und kleine Bars, die oft rund um die Uhr geöffnet waren.

Manuel floh aus der Armut zu seinen Büchern, die ihm der Pfarrer besorgte. Bereits mit fünf Jahren konnte er lesen und schreiben. Als Einziger im Dorf durfte er die weiterführende Schule in der Inselhauptstadt Funchal besuchen. Aber bald konnten die Eltern das Schulgeld nicht mehr bezahlen. Manuel musste wieder nach Hause, sollte mithelfen bei der mühsamen Bestellung der elterlichen Terrassenfelder.

»Ich bin 1963 mit dem Schiff von Lissabon über Angola nach Südafrika gefahren«, erzählt Manuel. »Damals dachte ich, zehn Jahre bleibe ich in der Fremde, nicht länger. Ich dachte, ohne meine Sprache zu sprechen, kann ich nicht leben. Ich glaubte, vor Sehnsucht zu sterben. Aber dann habe ich mich an das Fremde gewöhnt, und dann kamen die Kinder.«

Senhor Manuel hat sein Glück in der Ferne gefunden. Wie Senhor Pestana, der Hotelkönig. Er fing in Südafrika als Gemüsehändler an und stieg später ins Diamanten- und Goldgeschäft ein. Auch José Manuel Rodrigues Berardo katapultierte sich in der Emigration ganz nach oben. 1944 in Santa Luzia am Rande Funchals geboren, verlässt er als Neunzehnjähriger Madeira in Richtung Mosambik. Von dort geht es weiter nach Südafrika. Zunächst arbeitet der junge Mann dort als Hilfsgärtner, später versucht er sich als Verkäufer. Dann beginnt er, Gold und Diamanten, die andere für wertlos halten, aus den Minen zu holen. »Joe Gold«, nennt man Senhor Berardo daher heute auf Madeira.

Inzwischen zählt Joe Berardo zu den zehn reichsten Männern Portugals, mit einem geschätzten Vermögen von mehr als fünfhundert Millionen Euro. Allein seine Kunstsammlung taxierte das Auktionshaus Christie's auf einen Wert von mehr als dreihundert Millionen. Sie wird künftig übrigens in Lissabon ein repräsentatives Quartier bekommen: im Centro Cultural de Belém. Die bisherigen Galerien und Ausstellungsstätten dort (darunter auch das Design-Museum) mussten dafür weichen. Eine nicht unumstrittene Entscheidung. Aber Berardo hatte damit gedroht, seine Sammlung, etwa viertausend Werke moderner und zeitgenössischer Künstler, nur noch im Ausland zu zeigen. Und so hatte Ministerpräsident José Sócrates für den einflussreichen Unternehmer und Sammler – der einst eine Kopie der Mona Lisa gekauft hatte in der festen Überzeugung, es handle sich um das Original, und dessen Kunstschätze noch heute einige Kenner für zweifelhaft halten – kurzerhand die Galerien des CCB reservieren lassen. Weit reicht der Arm der Macht! Vor allem der wirtschaftlichen. Denn José Berardo ist längst nicht nur in Sachen Kunst aktiv (auf Madeira hat er erst kürzlich in dem historischen Hotelpalast der von ihm erworbenen und ausgebauten Monte Palace Gärten seine Kollektion zeitgenössischer Plastiken aus Zimbabwe untergebracht). Der stets in Schwarz gekleidete Selfmade-Mann ist auch Besitzer einer Bankenkette und einer großen Weinfirma in Portugal, er nennt die »Compania Madeirense do Tabacos« sein Eigen sowie zahlreiche Hotels. Zudem hält er Anteile an Firmen wie PT Media und macht Geschäfte unter anderem in Nicaragua und Kanada. Eine Traumkarriere.

Ricardos Träume sind nur zum Teil in Erfüllung gegangen: Seinen Job in London hat er verloren; die Suche nach einem neuen dort war vergebens. Unruhig streift Ricardo daher seit Kurzem wieder durch sein Heimatdorf – im Auto, die Bässe voll aufgedreht. Das Nummerschild ist noch ein englisches.

Kleine Fische, große Fische

Vom Walfang und Walschutz, der Robbenkammer und einem peruanischen Piratenschatz

Gischt spritzt, der Wind peitscht, die Wellen schlagen meterhoch. Konzentriert schauen die Männer auf dem offenen Boot in die raue See. Da! Vor dem Bug schnellt eine riesige graubraune Schwanzflosse aus dem Wasser. Und am Heck taucht ein gigantischer graubrauner Kopf auf, eckig, mit tief sitzendem Maul. Ein Wal! – Jeder Kinogänger kennt die Szene; sie bildet den Auftakt zu »Moby Dick«, John Hustons Verfilmung des gleichnamigen, übrigens auf einer wahren Begebenheit in den Gewässern vor Chile, bei den Mocha-Inseln, basierenden Romanklassikers von Hermann Melville.

Gregory Peck spielt die Hauptrolle in Hustons Leinwandepos, er gibt den einbeinigen Ahab, Kapitän des Walfangschiffes »Pequod«, der mit einer Prothese aus einem Pottwalknochen über die Planken stapft und einzig von dem Gedanken besessen ist, jenen weißen Wal namens Moby Dick zur Strecke zu bringen, der angeblich verantwortlich ist für den Verlust seines Beines. Gedreht wurde die insgesamt dritte Filmversion des Walfangdramas Mitte der fünfziger Jahre, in Wales und auf der Insel Madeira. Denn das madeirensische Küstenörtchen Caniçal bot eine authentische Kulisse: Fast alle Bewohner lebten hier vom Walfang.

Huston konnte auf Madeira also mit echten Walfängern arbeiten, bekam echte Walfangboote und echte Wale vor die Kameralinse. Allerdings nahm die aufregende Realität das Team Hustons reichlich mit – daher wurde beschlossen, die Dreharbeiten vor der portugiesischen Atlantikinsel abzubrechen und in der Sicherheit der Shepperton- und Elstree-Studios in England fortzusetzen. Für den »weißen« Wal – tatsächlich hatte es sich bei den Angriffen 1810 in Chile um einen grauen männlichen Pottwal mit einer weißen Narbe auf dem Kopf gehandelt – gab es sowieso keinen lebenden »Darsteller«. Moby Dicks Rolle übernahm eine Attrappe aus Stahlskeletten und Kunststoffhaut. Unglücklicherweise ging das Konstrukt in den Wellen unter. Bei einer zweiten Variante rissen die Schleppleinen. Geraume Zeit später kam das Gerücht auf, ein weißer Wal treibe im Atlantik umher. Erst die dritte Attrappe blieb dann bis zum Ende der Dreharbeiten unversehrt.

Eleuterio Reis konnte sich bei unserem Gespräch drei Jahre vor seinem Tod noch genau an die Begegnung von Hustons Team mit den echten Walen erinnern. Als Gründer der Walfangstation von Madeira war er schließlich Hustons wichtigster Berater beim Dreh in und vor Caniçal. Im Jahr 1941 hatte Madeiras Walfangstation unter dem gebürtigen Azoreaner ihre Arbeit aufgenommen. Der Kommandant, damals noch blutjung, aber auf dem Meer zu Hause, war auf der Suche nach dem »flüssigen Gold«, dem Waltran, nach Madeira gekommen. Er durfte auf reiche Beute hoffen, denn der Pottwal ist Kosmopolit und in allen Weltmeeren vertreten. Zunächst arbeiteten Reis und seine Männer in Porto Moniz, an der

Nordküste der Insel; Anfang der fünfziger Jahre verlegten sie die Walfangstation dann nach Caniçal.

Jeden Morgen bei Sonnenaufgang machten sich auch hier die Späher auf den Weg. Ausgerüstet mit scharfen Augen und Fernglas, erklommen sie die küstennahen Berggipfel, um nach den Meeressäugern Ausschau zu halten. »Baleia, baleia« – »Wal, Wal, da bläst er«, riefen die Männer, wenn sie in der Ferne die mächtigen Pottwale entdeckten. Ihr Blas, die Atemfontäne, verrät die Tiere. Mit dem Alarm, per Sprechfunk zum Kommandanten der Walfangstation übermittelt, bricht dort heftige Geschäftigkeit aus. Senhor Reis jagt eine Leuchtrakete in die Luft. Auf der Stelle lassen die Walfänger alles liegen und stehen. Barfuß laufen sie den steinigen Küstenweg zur Station. Ihre Frauen richten in aller Eile Proviant und hasten hinterher. Jeweils vier Männer, eine Mannschaft, machen die Fangschaluppen klar. Die selbst gezimmerten Langboote aus Holz sind immer einsatzbereit; ebenso wie die gut eingefetteten Harpunen und Lanzen aus handgeschmiedetem Eisen. Ein langes Seil aus Manilahanf ruht, noch säuberlich aufgeschossen, im Bootsrumpf. Es soll den harpunierten Wal halten. Plastiktaue würden den Männern die Handflächen zerfetzen. Ein betagter Kutter schleppt die Boote mit den Walfängern hinaus aufs Meer. Ihr blutiges Unterfangen nimmt seinen Lauf.

Erst Anfang der achtziger Jahre, als letzte Region Europas, stellt Madeira die blutige Jagd auf die gigantischen Meeressäuger ein. Auf dem und um das Gelände der ehemaligen Walfangstation, wo jeweils am Tag nach dem Fang, gleich nach Sonnenaufgang, die Walkadaver unter lautem Ächzen und Stöhnen einer alten Dampfwinsch auf die Plattform geschleppt, geflenst und Stück für Stück in die Kessel geworfen wurden, um das begehrte hitze- und druckbeständige Öl zu sieden, erstreckt sich heute Madeiras Freihandelszone. Und die Walfänger wandelten sich zu engagierten Schützern der einst von ihnen erlegten Tiere.

»Alle reden vom Naturschutz … Eine kleine Insel im Nordatlantik macht's«, lautet 1985, drei Jahre, nachdem Portugal dem Washingtoner Artenschutzabkommen beigetreten war, der Anfang einer Mitteilung der Gesellschaft zum Schutz der Meeressäugetiere, mit der diese die Öffentlichkeit über die neue Wal-Ära auf Madeira informiert. »Nachdem in den Gewässern des Archipels«, so heißt es in dem Dokument weiter, »Walfänger in nur vierzig Jahren 5885 Wale, hauptsächlich die großen Pottwale, abgeschlachtet hatten, haben die ›Killer‹ endgültig die Segel gestrichen. Statt Moby Dick & Co. weiterhin mit Handharpune und Lanze nach dem Leben zu trachten, setzen sich Exkommandant Eleuterio Reis und seine Mannen jetzt für das Überleben der vom Aussterben bedrohten Tiere ein.«

Tatsächlich fahren Reis' Männer nun Patrouille in den Inselgewässern, schieben Wache zugunsten der Meeressäuger auf den Deserta-Inseln oder auf den Selvagens. Sogar ein kleines Walmuseum wird eingerichtet – mit Eleuterio Reis als erstem Direktor. Inzwischen erhielt die 1990 in Caniçal eröffnete Sammlung ein neues, großzügiges Domizil am Westrand des Ortes. Ihr eindrucksvollstes Ausstellungsstück ist nach wie vor das naturgetreue Halbmodell eines jugendlichen Pottwalbullens von mehr als dreizehn Metern Länge. Im Vergleich mit den traditionellen Walfangbooten, die immerhin auch gut zwölf Meter maßen, wird die Dimension der Tiere erst richtig deutlich. Auch das Gewicht der Meeressäuger ist in den Schauräumen des Museums einprägsam dargestellt: Ein erwachsener Blauwal bringt genauso viele Kilos auf die Waage wie fünfzehn Elefanten oder hundertfünfzig Ochsen. Ein Modell der ehemaligen EBAM-Fabrik, in der man das Fleisch der Wale zu Viehfutterbeilage und Düngermehl verarbeitete, gehört ebenfalls zu den Museumsexponaten.

Doch es blieb auf Madeira nicht nur an Land bei den sichtbaren Zeichen eines Sinneswandels in Sachen Wale: 1986 erklärt Portugal die gesamten Hoheitsgewässer des Archipels – der neben der namensgebenden Hauptinsel und Porto Santo auch die unbewohnten Desertas und die Ilhas Selvagens umfasst – zum »Nationalpark Meeressäugetiere«. Das Gebiet bietet nicht nur Schutz für die verschiedenen gefährdeten Walarten, sondern auch für etliche Delfine (die die Walfänger gern als Fleischlieferanten mitnahmen) und für die vom Aussterben bedrohte Mönchsrobbe.

Bevor portugiesische Seefahrer Madeira entdeckten, lebten ganze Kolonien dieses an warmes Klima angepassten Seehunds am Saum der Insel, wo immer die schroffe Steilküste eine Bucht mit grobem Sand oder vom Meer rund gewaschenem Gestein zur Verfügung stellte. Câmara de Lobos heißt noch heute ein Ort an der Südküste Madeiras, die Bucht der Meerwölfe (*lobo do mar*), wie die Mönchsrobben auf Portugiesisch heißen. Als die Menschen dort überhand nahmen, flüchteten Robben in stillere Gefilde. Doch lediglich in den Küstengewässern der Desertas konnte sich eine Kolonie der Tiere halten.

Als flacher Riegel liegen diese »wüsten« Inseln gut sichtbar vor der Südküste Madeiras, etwa auf der Höhe von Santa Cruz und dem Flughafenareal. Niemand wohnt auf den drei Eilanden Ilhéu Chão, Deserta Grande und Búgio – außer einer giftigen Spinnenart. Um die Jahrhundertwende sollen dort allerdings noch Kaninchen heimisch gewesen sein. Und eine Legende erzählt von Ziegen, deren Hirten sich anno 1564 heftig gegen englische Seeräuber wehrten.

Für die auf die Ilhas Desertas geflohenen Mönchsrobben richtete man 1988 eine Beobachterstation auf der Deserta Grande ein. Sie wacht zugleich über das ökologische Gleichgewicht der Inseln. Seit 1990 stehen nicht nur ihre Gewässer, sondern auch das Gros ihrer Landfläche unter absolutem Naturschutz; das heißt, sie dürfen nur mit Ausnahmegenehmigung (zum Beispiel zu Forschungszwecken) betreten werden. Es werden aber Bootsausflüge zu den Desertas angeboten, und Sportfischer dürfen dort ihre Angeln auslegen; nur die professionelle Fischerei unterliegt Einschränkungen.

Gleiches gilt für die »wilden« Inseln, die Ilhas Selvagens. Der schon im frühen 14. Jahrhundert kartografisch belegte Archipel liegt etwa auf halber Strecke zwischen Madeira und den Kanaren, weist eine einzigartige, intakte Pflanzenwelt auf. Denn dort wurden niemals Pflanzenfresser eingeführt. Es gibt auch keine Süßwasservorkommen auf den zusammen nur knapp drei Quadratkilometer messenden Riff-Inselchen – sicher einer der Gründe, warum die Mannen Heinrichs des Seefahrers die Selvagens nach erster Inaugenscheinnahme nicht weiter behelligten.

Ein gewisser Diogo Gomes de Sintra lieferte die erste schriftliche Beschreibung der Hauptinsel Selvagem Grande, und im 16. Jahrhundert wurde der Archipel von der auf Madeira ansässigen Familie Caiado verwaltet. Im Jahre 1904 ging das Inselgrüppchen dann in den Besitz des Bankers Luis da Rocha Machado über, dessen Familie in ihrer Quinta da Monte einst dem letzten österreichischen Kaiser Unterkunft gewährt hatte. Bereits Ende der fünfziger Jahre interessierte sich der WWF für die Selvagens und unterzeichnete einen Vorverkaufsvertrag mit den Erben von Luis da Rocha Machado. 1971 intervenierte Portugal jedoch und konnte die Inseln erwerben. Noch im gleichen Jahr erklärte die Regierung sie zum Naturschutzreservat. Inzwischen steht die Reserva das Selvagens sogar auf der Vorschlagsliste zum UNESCO-Weltkulturerbe. In den fünfziger Jahren suchte man auf den Selvagens übrigens noch ein letztes Mal ernsthaft nach dem Schatz des legendären Captain Kid. Vier Versuche, die von dem Piraten erbeuteten Reichtümer der Kathedrale von Lima zu bergen, waren bereits gut ein Jahrhundert zuvor gescheitert.

Dutzende wissenschaftlicher Publikationen befassen sich mit der Tier- und Pflanzenwelt der unbewohnten Inseln Madeiras. Aber auch für den normalen Touristen haben die Schutzmaßnahmen der vergangenen Jahrzehnte Früchte getragen. Denn selbst vor der Südküste Madeiras sind inzwischen wieder Delfine gesichtet worden – und manch ein Bootsausflügler erzählt sogar von Walen.

»Ja, das stimmt, die Walbestände haben sich erholt, und man kann die friedlichen Meeressäuger heute durchaus wieder vor der Insel beobachten«, bestätigt Rafael Gomes. Der ehemalige Lehrer aus Funchal bietet mit seiner »Ribeira Brava« von Calheta aus regelmäßig Bootsausflüge an. Er hat die historische *chavela*, die Mitte der sechziger Jahre auf der kleinen Werft von Machico gezimmert wurde und nach fast vierzig Jahren im Dienste des Thunfisch- und Degenfischfangs verschrottet werden sollte, sorgfältig restauriert und mit modernster Sicherheitstechnik ausgestattet. Unter ihrem trapezförmigen Segel kreuzt sie nun mit dem erfahrenen Fischer Luis und dem Skipper Fillippe regelmäßig in Madeiras Gewässern. Als zweiter Skipper ist manchmal auch Claudia Gomes mit an Bord, Rafaels deutsche Frau.

Mit bis zu zwanzig Passagieren schippert die Mannschaft fast täglich hinaus auf den Atlantik – auf der Suche nach Tümmlern, blau-weißen und gemeinen Delfinen, falschen Orcas und allerlei echten Walen. »Jeden Monat kommen andere Meeressäuger in unseren Gewässern vor«, erläutert Senhor Rafael. Fast immer wird seine Mannschaft fündig, vor allem Dank der langjährigen Erfahrung von Fischer Luis. »Wir suchen immer ein großes Gebiet ab. Wale kann man wegen ihrer Atemfontänen bei guter Sicht auf vier bis fünf Kilometer mit bloßem Auge ausmachen. Delfine verorten wir mit Hilfe des Fernglases. Da geht es darum, die Möwenschwärme und Sturmvögel zu sichten, die über den Tieren kreisen.« Delfine treiben nämlich Schwärme kleiner Fische zusammen. Und wenn sie diese von unten »abernten«, springen viele der schuppigen Opfer fluchtartig aus dem Wasser. Zack, setzen dann die gefiederten Klippenbewohner zum Sturzflug auf die grätigen Leckerbissen an.

Drei bis vier Stunden dauert eine normale Ausfahrt auf der »Ribeira Brava« – und manchmal haben sie nicht nur Touristen gebucht. »Ab und zu kommen auch Einheimische mit raus«, erzählt Kapitän Gomes, dessen Boot, anders als einige Whale-Watch-Unternehmen, die Meeressäuger nicht treibt. »Da war zum Beispiel ein alter Mann, der hat von seinem Acker auf der Steilküste sein Leben lang Wale gesehen und angeblich sogar deren Gesänge gehört. Eines Tages steht er auf einmal vor unserem Boot und sagt: ›Ich fahre heute mit. Ich will die Viecher mal aus der Nähe sehen.‹«

Für all jene, die die »Viecher« nicht nur sehen, sondern mehr erfahren wollen über Moby Dick und seine Artgenossen, bieten Rafael und Claudia Gomes etwa vier Mal im Jahr spezielle Beobachtungswochen an. Ein Meeresbiologe informiert in deren Rahmen über das Wesen von Delfinen und Walen, über ihr Verhalten, ihren Schutz und vieles mehr. Drei ganze und drei halbe Tage verbringen die Teilnehmer auf dem Meer. Und erleben am eigenen Leib, wie die Gischt spritzt, der Wind bläst, die Wellen schlagen. Da! Eine graubraune Schwanzflosse schnellt aus dem Wasser. Und nun taucht auch ein graubrauner Kopf auf, eckig, mit tief sitzendem Maul. Ganz nah kommt der Wal ans Boot heran.

Verschwindet und kehrt sofort zurück an die Oberfläche. Schwimmt wieder dicht am Rumpf des Bootes. Gut dreißig Meter geht das so. »Der spielt mit uns«, erkennt Kapitän Rafael. Seine Augen leuchten. Sekunden später schauen sie wieder konzentriert aufs Meer hinaus.

Strohdächer und manuelinische Pracht

Vom Kuhstall bis zur noblen »quinta« – die Architektur der Insel zeigt viele Facetten

Colmo bedeutet Stroh. Und mit Stroh deckte einst die Landbevölkerung Madeiras auch ihre Häuser. Einfache Katen waren es, aus Holz zunächst nur, das ja ursprünglich reichlich vorhanden war. Das steile Strohdach der *casas do colmo* zog sich fast bis zur Erde. Mensch und Vieh hausten gemeinsam darunter: die Tiere unten, wegen der Wärme, die von ihren Leibern nach oben stieg.

Bald jedoch entließ man Kühe und Ziegen aus dem Haus. Den behäbigeren der beiden Milchlieferanten baute man ihren eigenen Stall, damit sie weder abstürzten auf den steilen Hängen noch kostbares Ackerland als Weide beanspruchten. Das Wort *palho*, Heu, stand Pate bei dem Kuh-Verschlag. Inzwischen freilich bedeckt meist nur noch Farn den Boden, und in die Krippe kommt frisches Gras.

Nachdem die vierbeinigen Mitbewohner ausgezogen waren, wurden auch die *casas* komfortabler. Statt aus Brettern und Planken bestanden ihre Wände nun aus groben Blöcken Basalt. Für die Fenster- und Türlaibungen nutzte man die recht weiche, leicht zu behauende *cantaría*, ein rotes oder schwarzes Lavagestein.

Senhora Conçecão wohnt noch in solch einer »modernen« *casa do colmo*. Schneeweiß hat ihr Mann das Häuschen angestrichen, Türen und Fensterläden leuchten in den Tönen von Waldmeister und Tanne. Kniehoch zieht sich ein nebelgraues Farbband um das gesamte Mauerwerk.

Rot, nein, um Gottes willen, so würde sie Eingang und Sockel ihres Domizils niemals angestrichen haben wollen, protestiert die *senhora* über den Zaun ihres Gärtchens. Den heftigen Fassadenkontrast überlässt sie lieber den Touristikern im Ort. Mit roten Sockeln und Türen, blauen Rahmungen um alle Öffnungen und lorbeergrünen Holzläden haben diese die alten *casas de colmo* zur Touristenattraktion herausgeputzt. Neben der Kirche von Santana stehen sie und hinter einem der beiden Hotels. Und natürlich wurde auch im neuen Themenpark eine kunterbunte *casa de colmo* nachgebaut.

Parallel zu den schmalen zweigeschossigen Strohdachhäuschen entwickelten sich bäuerliche Kuben aus Stein. Armdicke Mauern, geschickt geschichtet aus grob behauenem Basalt, gekrönt von einem Dach aus Schilf, Stroh oder Bananenblättern. Bald gestaltete man auch diese Unterkünfte raffinierter. Mit zunehmender Finanzkraft der Besitzer entstanden Veranden und schattige Pergolen, es wurde eine Umfriedung geschaffen, oft gleich mit ebenfalls gemauerter, weitläufiger Sitzbank.

Die zugewanderten Großgrundbesitzer ließen sich auf Madeira anfangs inmitten ihrer Ländereien nieder. So entstanden, umgeben von Zuckerrohrfeldern, die sich weit die Küstenhänge hinaufdehnten, feudale Herrensitze, die sogenannten *quintas* (sogenannt, weil die Bauern früher den fünften Teil – *quinta parte* – ihrer Ernte an den Grundbesitzer entrichten mussten). Als Mitte des 16. Jahrhunderts die Krise des »weißen Goldes« ausbrach – man ließ sogar Zucker aus Brasilien einführen, um ihn als angeblich eigenes Produkt weiter zu exportieren –, zogen es die Zuckerbarone vor, in der Hauptstadt zu residieren. Sie teilten ihre Latifundien auf zahlreiche Kleinbesitzer auf und errichteten in Funchal ihre neuen Paläste. Nach außen wirken diese Bauten meist schmucklos und abweisend. Doch hinter dem Eingangsportal schwingen sich elegante Treppenaufgänge, öffnen sich lauschige Innenhöfe und erstrecken sich Galerien mit prunkvoll ausgestatteten Räumen.

Einige dieser noblen Stadtquartiere wurden im manuelinischen Stil errichtet, der 1495 mit Beginn der Regentschaft von König Manuel I. in Portugal aufkam. Auf Madeira gerieten die für diese Architektur charakteristischen Steinverzierungen allerdings weniger üppig als im Mutterland. Erhalten sind sie vorwiegend an öffentlichen Gebäuden wie der Kathedrale und dem Alten Zollamt von Funchal. Aus der gleichen Zeit stammen auch die ersten *azulejos*, die damals fast ausnahmslos das Innere der Gotteshäuser schmückten. Anfang des 20. Jahrhunderts gelangte die Kunst der blauen Kacheln dann noch einmal zur Blüte und ziert seither auch profane Bauten der Insel.

Maurische Kunst übte ebenfalls vielerorts Einfluss auf die Sakralarchitektur Madeiras aus. Aufwendig geschnitzte Holzdecken zählen zu ihren charakteristischsten Merkmalen. Der ab dem 17. Jahrhundert in Europa verbreitete Barockstil hinterließ auf der Atlantikinsel vielfältige Spuren. Dank des reichlich geschürften Goldes in der portugiesischen Kolonie Brasilien konnten die Baumeister und Ausstatter ihn dereinst großzügig umsetzen. Zahlreiche Inselkirchen mit Altären, deren Holz unter einer Blattgoldauflage verschwindet, zeugen von dieser »Mode«. »Talha dourada« nennt man das Ergebnis auf Portugiesisch.

Was aber wurde aus den *quintas*? Im späten 18. und frühen 19. Jahrhundert erlebten sie eine Renaissance. Die ersten Sommerfrischler kamen auf die Insel und suchten Quartier – für Monate, wie es damals üblich war. Heimkehrer aus den Kolonien, vor allem jene britischer Herkunft, nutzten Madeira oft als Station, um sich zu akklimatisieren. Viele mochten indes dann gar nicht mehr weiterziehen in ihre englische Heimat; sie blieben auf der Insel, betrieben dort ihre Geschäfte, bauten sich eine neue Existenz auf. Die historischen Landsitze schätzten sie als Zuflucht, wenn in der Hauptstadt die Temperaturen stiegen. Wer keine *quinta* zum Mieten mehr fand, ließ sich kurzerhand eine eigene bauen. Aufs Geld mussten die Zugereisten meist nicht schauen, der Weinhandel blühte und brachte reiche finanzielle Erträge. Architekten aus der ganzen Welt eilten nach Madeira, um für ihre Auftraggeber die neuesten Stiltrends in ihren Landvillen umzusetzen und üppige Landschaftsoasen mit exotischer Vegetation um die repräsentativen Bauten anlegen zu lassen. Ein regelrechter Wettbewerb, so heißt es, brach unter den *Quinta*-Besitzern aus – ein jeder wollte das schönste Anwesen mit den ausgefallensten Pflanzen und Bäumen sein eigen nennen.

Grundstücksspekulation und Neubauten bedeuteten ab Mitte des 20. Jahrhunderts dann für viele *quintas* das Ende. Inzwischen besinnt man sich jedoch wieder auf dieses exquisite architektonische Erbe: Die historischen Häuser werden restauriert, und wenn nicht privat, dann als Hotel oder Pension genutzt (oft mit neuen Zimmeranbauten), als Sitz von Museen oder von anderen Institutionen.

Rita und José Carlos Martins haben sich für die Umwidmung der Familien-*Quinta* zu einem kleinen Hotel entschlossen. »Alle meine Ferien habe ich hier verbracht, Weihnachten, Ostern und natürlich die Sommerwochen«, erzählt Dona Rita mit einem warmen Lächeln. Das heute himmelblaue Haus an den Hängen von Santo Antonio da Serra, keinen Steinwurf vom dortigen Golfplatz entfernt, dem es geraume Zeit als eine Art Clubhaus diente, stammt aus den frühen zwanziger Jahren. Art-déco-Elemente prägen das lichte zweigeschossige Gebäude mit Dachgaube und charakteristischem Turm. Er findet sich als Logo auf dem hauseigenen Porzellan wieder – dessen breiten Rand Rita Martins im Blau der Augen ihrer Großmutter brennen ließ. Das rauchbraune Turmmotiv in der weißen Mitte des Geschirrs entwarf ein Freund – heute Direktor der Casa das Mudas, dem neuen Kunstzentrum von Calheta.

Bevor wir dies in Augenschein nehmen, sitzen wir aber erst einmal mit den Martins beim Aperitif im Salon ihrer Quinta Serra Golfe. Auf dem Kaminsims steht eine silbern gerahmte Schwarz-Weiß-Fotografie. Sie zeigt ein elegant gekleidetes Paar, das eine Freitreppe hinuntersteigt. »Meine Großeltern«, erklärt Dona Rita. Und dann sprudelt die Familienhistorie nur so heraus aus ihr. »Schon meine Großeltern führten ein Teehaus in unserer quinta, bis 1937«, erzählt die dunkelblonde Mittfünfzigerin, die trotz ihrer Gastgeberrolle noch halbtags in der Pädiatrie tätig ist.

Zwei Jahre zuvor hatte man auf einem Gelände wenig unterhalb des Anwesens bereits den ersten Golfplatz Madeiras eröffnet. »Es war erst der zweite überhaupt in Portugal«, präzisiert Senhor José, der selbst gerne ein paar Bälle auf dem heutigen Nachfolge-Green schlägt, wenn er sich nicht gerade als Gastroenterologe um seine Patienten kümmert oder in der kargen Freizeit um die administrativen Belange der *quinta*.

»Meine Mutter war damals, also 1935, neun Jahre alt, mein Onkel fünf«, weiß Dona Rita aus den Erzählungen ihrer Eltern und Verwandten. »Mein Großvater, er war Kapitän der Marine, hat den Golfplatz mitinitiiert. Gemeinsam mit den Blandys, Sie wissen schon, die britischstämmige Weinhändlerfamilie, die ja nur ein paar hundert Meter von unserem Haus entfernt ihren Sommersitz hatte, und mit denen unsere Familie gut befreundet war.« Ein echtes Spektakel sei die Einweihung gewesen. »Meine Mutter hat mir erzählt, es kamen sogar Gäste mit dem Union Castle Boat von Southampton, das unterwegs war nach Südafrika. Die Leute gingen in Funchal von Bord, kamen mit Autos und Ochsenkarren herauf, spielten neun Löcher, nahmen einen Imbiss in unserer quinta und fuhren wieder zurück zum Schiff, um ihre Reise fortzusetzen.«

Welch eine Geschichte! Aber nicht nur die Martins, auch Senhor André weiß reichlich zu erzählen. Denn um fast jede *quinta* auf Madeira rankt sich eine Fülle von Geschichten. Wie bei Dona Rita beginnt jene von André Diogo ebenfalls in der Kindheit. Allerdings ist er nicht aufgewachsen in dem Herrenhaus an der Südküste Madeiras, das heute Kaminsalon und Bar seines kleinen Designhotels birgt. »Aber ich habe mit meinem Freund hier immer gespielt.« Wen wundert's: Spektakulär liegt die Quinta da Rochinha auf einem Felsvorsprung hoch über der Bucht von Ponta do Sol. Erbaut wurde das Anwesen während des zweiten Zuckerrohrbooms. »Der Besitzer wohnte unten in der Villa, hier oben wurde das Zuckerrohr gelagert«, erläutert Senhor André, als wir unterhalb des Pools, der randlos in den Atlantik überzufließen scheint, auf einer von Mauerrelikten gesäumten Plattform stehen. »Schauen Sie mal ins Fotografiemuseum, da sehen Sie, was hier damals los war; wie man die Zuckerrohrbündel vom Felsen hinabließ auf die Schiffe.«

Ordentlich was los war anscheinend auch immer im Hause von Henry Veitch. Der britische Konsul und Weinhändler hatte seinen Sommersitz in Jardim da Serra, einem Ort hoch in den Bergen. Jedes Frühjahr überziehen blühende Kirschbäume die steilen Hänge mit einem weißen Schleier. Aber Mister Veitch sorgte stets für Farbe: »Er hisste eine rote oder blaue oder grüne oder sonstwie bunte Flagge, je nachdem, welche seiner Geliebten zu ihm heraufkommen sollte«, erzählt Cesalhia. Die junge Frau arbeitet als Angestellte in dem Fünfzig-Zimmer-Hotel, das mit Hilfe eines Anbaus aus der *quinta* des offenbar nicht nur geschäftlich und politisch aktiven Schotten geworden ist. »Wahrscheinlich bin ich sogar mit ihm verwandt – meine Tante sagt, sie sei eine Enkelin von ihm; ihre Familie hat tatsächlich das Veitch im Namen.«

Plötzlich gar nicht mehr förmlich wie eine Hotelangestellte, lotst Cesalhia mich durch den von Gärtnerhand gebändigten Gartendschungel der *quinta*. Am Ende eines langen Pflanzentunnels führen ein paar Stufen hinauf zu einer kleinen Lichtung. Hier fand Mister Veitch 1857 seine letzte Ruhestätte – übrigens gemeinsam mit seinem Hund. Seine Witwe Caroline hat ihm eine Stele mit Namen und Titel errichten lassen. Vielleicht hat Mrs. Veitch ja nichts gewusst von den erotischen Eskapaden des Gatten in der Berggarten-*Quinta*. Oder sie wollte es einfach nicht wissen, stellte sich taub und blind, blieb stumm trotz mancher Ahnungen oder gar Beweise.

Stumm heißt *muda* auf Portugiesisch, und es waren Taubstumme, die einst in der Casa das Mudas am Rande von Calheta lebten. Vor einigen Jahren wurde das lange leer stehende historische Gebäude zum kleinen Kulturzentrum der Gemeinde umfunktioniert. Inzwischen steht das weiße Haus mit den grauen Sockel- und Laibungsbändern aber nicht mehr allein. Der junge portugiesische Architekt Paulo David hat ihr ein eindrucksvolles Ausstellungs- und Aufführungsgebäude an die Seite, oder besser: zu Füßen, gesetzt. Wie ein kantiger Fels balanciert es auf der schroff zum Atlantik abfallenden Klippe. Die Außenmauern aus dunklem Lavagestein verweisen auf den vulkanischen Ursprung der Insel Madeira. Und in seiner Gestalt nimmt der Bau zeichenhaft das Motiv der traditionell terrassenförmig abgetreppten, landwirtschaftlich genutzten Flächen der Umgebung auf. Nach oben offene Höfe und Wegräume gliedern den wuchtigen (Kritiker sagen: abweisenden) Komplex; die Innenräume werden durch Oberlichten in der Dachplattform und schmale seitliche Fensterschlitze gezielt belichtet. Immer wieder ergeben sich im gesamten Gebäude überraschende, reizvolle Ausblicke auf die Küstenlandschaft und das Meer.

Paulo David hat für das »Centro das Artes – Casas das Mudas« schon zahlreiche Auszeichnungen eingeheimst. Sogar für den renommierten Mies-van-der-Rohe-Preis wurde die multifunktionale Neuschöpfung vorgeschlagen.

Wie man auch zu ihr stehen mag – sie zeigt jedenfalls, dass sich die zeitgenössische Architektur auf Madeira glücklicherweise nicht in Hotelneubauten erschöpft.

Tödlicher Cocktail

Die Kehrseite der Medaille: Selbstmord, Armut, Kinder-Eltern

Die Uhr hat drei geschlagen von irgendeinem Kirchturm in der Ferne. Cristina sitzt auf dem filigranen Doppelbett ihrer Eltern und balanciert geschickt eine Gabel voll Kartoffelgemüse zum Mund. Sorgsam hat sie ein kleines Tuch über die geblümte Tagesdecke gebreitet und den gut gefüllten Teller ordentlich darauf platziert. Auch ein Stückchen Brot liegt noch auf dem bunt gesäumten Stoffrechteck. Mit gebeugtem Rücken, die Beine über dem linken Bettrand baumelnd, verzehrt Cristina ihr spätes Mittagsmahl. Vom Betthaupt schaut ihr ein weißer Plüschhase zu. Am Fuß der aus hell lackierten Eisenstäben gefertigten Schlafstätte liegt Cristinas rosa Schulrucksack.

Cristina ist ein hübsches Mädchen von fast elf Jahren. Sie trägt ein hellblaues T-Shirt, das gut zur Farbe ihrer wachen Augen passt; die langen braunen Haare hat sie in der Mitte gescheitelt und nun hinter die Ohren gestrichen, damit sie beim Essen nicht stören. An einem Tisch hat Cristina zu Hause noch nie gesessen. Es ist gar kein Platz für solch ein Möbelstück in der Baracke, die sie seit ihrer Geburt mit ihren Eltern bewohnt. Der Verschlag aus Holz und Metall steht auf dem Dach eines Wohnhauses zu Füßen des Pico-Forts, kaum ein paar Schritte vom Zentrum Funchals und seiner Hotelmeile entfernt.

»Seit zwanzig Jahren sind wir bei der Wohnungsbehörde eingeschrieben«, seufzt Cristinas Mutter Manuela – »aber dort gelten wir nicht als Härtefall.« Gemessen an jenem Mann, der sich zwischen noblen Villen und historischen Herrenhäusern in einem Hühnerstall am Rande der letzten Bananenparzellen der Hauptstadt eingerichtet hatte, mag das vielleicht nachvollziehbar sein. Obwohl Cristinas Vater inzwischen Invalide ist und die arbeitslose Manuela, die fast aussieht, als sei sie die Großmutter Cristinas, mit ihren neunundvierzig Jahren als ungelernte Kraft kaum Aussicht hat auf einen neuen Job. So haust die kleine Familie in einem Schlaf- und Esszimmer, das neben dem Ehebett gerade noch Cristinas schmales Lager fasst, den Kühlschrank, eine Kommode und einen Kleiderschrank. Die angrenzende winzige Kammer ist ebenso multifunktional; sie dient zugleich als Küche, Vorratskammer, Stauraum und Badezimmer.

Das Badewasser kommt aus einem Hahn draußen im Freien – dem einzigen im ganzen Haushalt von Cristinas Familie. Nicht nur im Winter ist es kalt. Auf dem Herdfeuer wird das Wasser langsam erwärmt. Eine Badewanne oder Duschvorrichtung gibt es nicht. Aufrecht in einer Plastikschüssel stehend, säubern sich die Familienmitglieder. Die Notdurft wird ebenfalls in eine Plastikschüssel verrichtet. Bis zur endgültigen Entleerung schiebt man sie unter einen Stuhl. Trotz der armseligen Zustände ist Cristinas Zuhause tipptopp sauber und aufgeräumt – die Medikamente des Vaters stehen nach Größe aufgereiht oben auf dem Schrank. »Aber es gibt keinen Platz für meine Puppen«, mault Cristina, die immerhin in der glücklichen Lage ist, Spielsachen zu besitzen. Dafür kommt nie eine ihrer Freundinnen zu Besuch. »Wir könnten ja nirgends gemeinsam lernen oder spielen.«

Cristinas Schicksal ist kein Einzelfall auf Madeira. Zwölftausend Familien wie der ihren sei schon geholfen worden, vermeldete im Frühjahr 2007 stolz eine der lokalen Zeitungen. Aber es gebe noch viel zu tun in Sachen Wohnungspolitik, bilanziert der Autor des Artikels.

Die eigenen vier Wände werden immer teurer auf der Insel – und nicht jeder hat ein Elternhaus, das auch noch ein junges Paar aufnehmen kann, oder verfügt über familiären Grundbesitz, auf dem frisch Vermählte ihr eigenes Nest bauen können. Selbst auf dem Land, wo verwandtschaftliche Beziehungen meist noch öfter greifen als in der Stadt, herrscht oft sichtbare Not. Allerdings nicht nur in Sachen menschenwürdiger Unterkunft.

Das einstige Fischerdorf Câmara de Lobos etwa, lange Zeit weitgehend abhängig von Bootsbau, *Espada-* und Thunfischfang – und noch immer als Ausgehziel mit reichlich Hafenbars bekannt –, erscheint trotz neuer Häuser und Wohnungen für die sozial Schwachen weiterhin regelmäßig in den Gazetten. Warum? Kindesmissbrauch und Inzest waren hier bis vor Kurzem noch an der Tagesordnung. Inzwischen versucht die Regierung mit Familienkursen das Problem in den Griff zu bekommen. Dreißig Einschreibungen zählte sie beim ersten Kurstermin …

Bis zu Fatimas Dorf, wo der Inzest sogar schon zum Brudermord führte, ist das Kursangebot noch nicht vorgedrungen. Acht oder zehn oder zwölf Kinder – die genaue Zahl weiß niemand – hat Fatimas Vater vor seinem Verschwinden in die Welt gesetzt. Mit gut einer Handvoll von ihnen lebte Fatima die ersten Jahre ihres Lebens in einer elenden Hausruine auf einem der vielen Hügelrücken Madeiras. Alkohol gehört schon früh zum Alltag dieser Versprengten, Ausgestoßenen. Die Mutter litt bald an Leberzirrhose, kurz vor ihrem Tod glich ihr Bauch der einer Schwangeren im achten Monat. Verwandtschaftshilfe und Gelegenheitsjobs halten die Familie über Wasser. Die Jungs lernen bald, Gewalt einzusetzen; die Mädchen, ebenfalls aggressiv und hart geworden durch die Situation, suchen eine Art Liebe und Trost bei den Kumpanen der Brüder oder anderen männlichen Dorfbewohnern. Es sind rasch wechselnde Begegnungen der Geschlechter, selten von Dauer, meist jedoch mit sichtbaren Folgen. Fatima ist mit zwanzig schon dreifache Mutter, alle ihrer Kinder wurde ihr von der Fürsorge genommen. Ein jedes hat einen anderen Vater. Der erste verschwand bald nach der Geburt seiner Tochter nach England und versucht nun in London sein Glück als Tellerwäscher. Der zweite ist irgendwo auf der Insel mit einer anderen Frau liiert. Der dritte, dem Fatima ein Söhnchen schenkte, sitzt im Gefängnis, weil die Polizei in der Tiefkühltruhe seiner elterlichen Wohnung eine ordentliche Ladung Dynamit entdeckte.

Mit dem Sprengstoff gehen die jungen Männer am Küstensaum auf Fischfang. Welche Schäden sie mit den Detonationen in der Meeresfauna und -flora anrichten, hat ihnen niemand beigebracht. Dafür mussten sie die Wucht der Explosion oft am eigenen Körper erfahren: ein Loch in der Schulter, zwei Finger weggerissen, das Trommelfell geplatzt … Doch nichts scheint diese illegalen Fischer zu schrecken; wieder und wieder hört man den dumpfen Knall ihrer Versuche, dem Atlantik ein paar Brassen abzuringen, für den eigenen Kochtopf mitunter, meist jedoch, um damit ein paar Euro zu verdienen.

Nicht nur Gefahr, auch Mühsal heißt der ständige Begleiter von Armut und Not. Wenn Miguele, Rui, Pedro oder all die anderen muskulösen jungen Männer, die in ihrer Kindheit, bevor sie zur Feldarbeit gerufen wurden, im besten Fall ein paar Stunden am Lese- und Schreibunterricht der Dorfschule teilnehmen konnten (noch im Jahr 2000 betrug die Analphabetenrate auf Madeira gut zwölf Prozent), mal wieder nicht auf dem Bau oder bei der Ernte helfen können, steigen sie oft auch die Küstenhänge hinab, um bis zu den Hüften im Wasser die spitzschaligen *lapas* von den meerumspülten Kliffs zu kratzen. Bis zu fünfzig Kilo der begehrten Napfschnecken wuchten sie sich in großen Säcken auf den Rücken und klettern damit zwei- oder dreihundert Meter steil bergan. Laut Gesetz dürfen allerdings nur sechs Kilo pro Person »geerntet« werden. Und auch der Verkauf größerer Mengen *lapas* ist untersagt. Aber die Schneckensammler, schon früh gebeugt von Emotion, Gewalt und Ungerechtigkeit, halten sich nicht an solche Regeln und Verbote. Es findet sich auch immer jemand, der ihnen den Inhalt ihrer Säcke in klingende Münze umwandelt.

Weit klafft die soziale Schere auf Madeira auseinander. Wer nichts hat, aber trotzdem teilhaben will am Leben, kauft auf Kredit. Auto, Moped, Mobiltelefon, die neue Einbauküche, die allein zu Repräsentationszwecken dient (gekocht wird meist in irgendeinem Verschlag außerhalb des Hauses) – alles vergrößert den Schuldenberg. Mitunter reicht das Familieneinkommen noch nicht einmal für einen Arztbesuch. So schuftete Fatima sechs Wochen unter Schmerzen auf dem Feld einer Verwandten. Sie hatte eine abgebrochene Nähnadel im Handballen, die sich entzündet hatte und schon in den Knochen eingedrungen war. Ihre zeitweilige Freundin Lourdes – mit Anfang dreißig alleinstehende Mutter einer sechzehnjährigen Tochter – quälte sich tagelang mit Unterleibsschmerzen, weil sie noch nicht einmal das Geld hatte für den Bus zum Hauptstadt-Hospital.

Mancher Verzweifelte indes beschafft sich schließlich durch Einbruch und Überfälle seinen Unterhalt. Oder versucht mit Drogen seinem Schicksal zu entfliehen – als Konsument und Händler zugleich. Andere wählen den endgültigen Ausweg aus ihrem Elend. Die Selbstmordrate ist hoch auf Madeira, oft führt ein Cocktail aus Unkraut- und Insektenvernichtungsmittel, vermischt mit Wein, zum qualvollen Tod. Wie bei Senhor José, dem selbst ernannten dörflichen Bauunternehmer. Es klappte eigentlich gut bei ihm mit den Aufträgen; immer mehr private Kunden fragten an. Man kannte sich, hatte eine Empfehlung bekommen. Doch so virtuos der rundliche kleine Mann auch den Umgang mit Maurerkelle und Mörtel beherrschte; die finanzielle Seite des Metiers wollte ihm und wollte vor allem seinen Söhnen nicht gelingen. Statt Löhne auszuzahlen und Materialkosten zu begleichen, flossen die – zugegeben meist weder üppigen noch pünktlichen – Zahlungen der künftigen Hausbesitzer in andere Kanäle. Bis eines Tages alle Kassen der Familie gähnende Leere aufwiesen und die Bank nicht mehr mit weiteren Krediten hilfreich zur Seite stehen wollte. Da nahm Senhor José an einem Morgen mitten in der Woche seinen Sonntagsanzug und ein frisches Hemd aus dem Schrank, brummte seiner Frau ein Adieu in die Küche und machte sich auf den Weg zum Sterben.

Am Nachmittag begann man ihn zu vermissen. Auf der Baustelle unten auf der Klippe war er nicht aufgetaucht, zu Hause nicht zum Mittagessen erschienen; nirgends im Dorf hatte er, wie sonst mehrfach täglich, seinen kleinen schwarzen Kaffee getrunken. Als die Schatten länger wurden und die Ahnung schon als stumpfer Schmerz in der Brust all jener bohrte, die ihn suchten, fand man Senhor José an einem dicht bewachsenen Hang unterhalb der großen Straße. Drei Tage lang klagte und betete eine Riege schwarz gekleideter Frauen im Haus des Toten. Er hatte vier Brüder. Nur einer von ihnen ist nun noch am Leben – alle anderen haben ihres ebenfalls eigenhändig beendet.

Senhor Padres Passionen

Ein junger Pfarrer bescherte seiner Gemeinde einen Zoo und lässt Apfelwein keltern

Padre Rui stammt aus den Bergen. Santo da Serra heißt sein Heimatdorf, der Heilige der Höhen. Oder genauer Santo Antonio da Serra. Ein Omen vielleicht? Ich hätte den Pater fragen sollen, ob sein zweiter Vorname möglicherweise Antonio lautet …

Als Senhor Rui noch ein Kind war, siedelten nur wenige Dutzend Menschen in den geduckten Häusern auf den Höhen der Serra. Robuste Naturen zumeist, denen der stete, kühle Wind schon seit Generationen um die Wiege blies und die auch kein anderes Witterungsgebaren scheuten. Mit ernsten Mienen und gebeugtem Rücken verrichteten sie geduldig ihr mühsames Tagwerk auf den steilen Äckern. Und im Herbst schüttelten sie kleine, harte Äpfel von den Bäumen, um sie zu einem erfrischend sauren Trunk zu pressen: dem *sidra.*

Im Sommer bot sich dem Fähnlein der rechtschaffenen Hügelbewohner meist reichlich Abwechslung vom harten Einerlei des Jahres. Denn zu dieser Zeit kamen die Reichen. Zuckerbarone, Weinhändler und allerlei sonstige begüterte Familien flohen die Hitze der Hauptstadt und suchten die frische Luft der Serra. Viele von ihnen hatten sich in den Hügeln des heiligen Antonio ihre Sommerresidenzen errichten lassen: großzügige Anwesen inmitten blütenreicher Gärten, oft sogar mit Aussicht aufs Meer. So konnte der Hausherr auch in der Sommerfrische den Schiffsverkehr überwachen – und sich rechtzeitig aufmachen zur Löschung seiner georderten Fracht im Hafen von Funchal.

Als kleiner Junge lauschte Padre Rui oft den Erzählungen der alten Frauen im Dorf, wenn sie mit knarriger Stimme von ihren Müttern oder Großmüttern sprachen, die bei den noblen Sommergästen als Putz- oder Küchenhilfen gedient hatten, für sie Besorgungen machten, die Wäsche oder den Garten in Ordnung hielten, das Kindermädchen oder die Zofe unterstützten. »Tempos passados«, lächelt fein *senhor padre* – vergangene Zeiten. Und ich bin mir nicht ganz sicher, ob Bedauern oder Erleichterung in seiner leisen Stimme schwingt.

Bestimmtheit ganz sicher. Der zartgliedrige, alterslos scheinende und stets elegant gekleidete Gottesmann setzt jedes seiner Worte mit Bedacht. Und lässt meist unmittelbar auch Taten folgen. Wie bei seiner ersten Anstellung nach der Weihe. Ganz im Westen der Insel, weit weg von den heimatlichen Apfelbäumen, aber in einer Gemeinde, die ebenfalls berühmt ist für ihre Äpfel. Vielleicht liebte der *padre* sie deshalb besonders. Viele andere meiden sie, fürchten ihren kühlen Wolkenatem, die reichlichen Himmelstränen, mit Vehemenz ausgegossen über eine Handvoll Hügelrücken, die sich in steiler Beugung zum Atlantik neigen.

»'ta frio« heißt es gebetsmühlenartig, wenn vom westlichsten Inselzipfel die Rede ist. Kalt sei es dort wohl – und natürlich feucht. Tatsächlich hatte bei Padre Ruis Amtsantritt nicht nur das Kirchengebäude über die Jahrzehnte reichlich unter der rauen Witterung gelitten. Aber ein Priester ist nun einmal hauptamtlich im Dienste des Klerus – und so galt Padre Ruis' Sanierungsengagement zunächst einmal dem Gotteshaus. Ein neues Dach, ein neuer Fassadenanstrich, die Restaurierung der Deckengemälde – so lautet das Wunschprogramm. Doch die Bildnisse im Inneren sind nicht mehr zu retten. Der junge neue Pfarrer trifft die Entscheidung, sie zu erneuern.

Ein ortsansässiger Künstler geht in seinem Auftrag ans Werk. Liebevoll recherchierter bäuerlicher Alltag erscheint auf seiner Leinwand. Felder, Äcker, Klippen, Weiden – Motive, die jeder Kirchgänger aus eigener Anschauung kennt, oft sogar als Abbild seines Eigentums identifizieren kann. Ernte- und Dreschszenen, das tosende Meer, die lokale Blütenpracht an Bachläufen, Hausmauern und in Blumentöpfen, auch das Dorf selbst und sein Gotteshaus – alles findet sich wieder auf den zwölf großformatigen Tableaus über den Köpfen der Gläubigen. Samt Petrus, San Pedro, dem Ortsheiligen mit dem großen Schlüssel. Das ganze Szenarium präsentiert wie ein üppiges Theaterstück hinter azurblauen Himmelsvorhängen, die dralle Engelsputten lachend zur Seite ziehen.

»Ponta do Pargo ist das Paradies« titelt noch Jahre später kühn eine Inselzeitung ihren Bericht über den Künstler. Padre Rui ist hochzufrieden, die *pargeiros* strahlen vor Stolz – nur der Bischof zeigt sich wenig begeistert. Zu irdisch befindet er die Pinselschöpfungen, zu wenig Respekt vor dem göttlichen Reich attestiert er ihnen. Auch andere Aktivitäten des jungen Paters – zum Beispiel seine eigenwillige

Ziegenversteigerung anlässlich des San-Pedro-Festes, bei der jeder, der den Zuschlag erhält, das Tier gleich wieder der Kirche übereignet, sodass *senhor padre* es lauthals neu anbieten kann – scheinen offenbar nicht unbedingt die Zustimmung der Kirchenoberen zu finden.

Eines Tages jedenfalls hält in Ponta do Pargo statt Padre Rui ein anderer Geistlicher die Sonntagspredigt. Und auch die nächste, die übernächste. Padre Rui ist abgelöst. Seine neue Wirkungsstätte liegt fern beider Apfelgemeinden; direkt unter den Augen der Autoritäten der westlichen Bezirkshauptstadt. In dieser Zeit haben wir wenig von ihm gehört. Doch dann, ich weiß nicht mehr, waren es Monate oder Jahre, dann plötzlich sprach man wieder von ihm. Und von einem neuen Einsatzort. Prazeres. Wieder ein Stückchen Westen, ein Fleckchen hoch über dem Meer. Mit einem großzügigen Grundstück um das Gotteshaus. Allmählich beginnt dort etwas zu wachsen. Kräuter und Heilpflanzen sprießen, Bäumchen und Sträucher recken sich, Blumen öffnen ihre Kelche. Auch das Gackern von Hühnern beginnt man zu hören, das Muhen von Kühen, Ferkelgequieke, das I-aaaaah eines Esels. Und plötzlich sind die Emus da! Nicht nur Kinderaugen leuchten beim Anblick der fedrigen Exoten. »Alle Gehege und Ställe wurden nach einer Vereinbarung mit dem zoologischen Garten von Lissabon artgerecht gebaut«, versichert Padre Rui mit sichtbarem Stolz.

Nach der Messe strömen nun immer häufiger auch die Erwachsenen in den Kirchgarten der etwas anderen Art. Bald finden sie in dem Pflanzen- und

Tierparadies – vor dessen Toren auf Geheiß des Pfarrers im Sommer eine Dreschmaschine rattert – auch eine Stätte der Labsal. Kaffee und hausgemachter Kuchen stehen auf der Karte; es gibt Hühnereier und selbst gebackenes Brot zu kaufen, hausgemachte Marmeladen und Fruchtliköre. Und *sidra* in allerlei Varianten. Kalt oder warm, gezuckert oder natur bietet die Kamin- und Terrassenbar den Apfeltrunk an. Anfänglich stammte er noch vom Bruder des Paters aus Sant' Antonio da Serra. Inzwischen lässt der fantasievolle Gottesmann direkt an der Kirche keltern. Eine wuchtige Presse steht gut sichtbar im Gemüsegarten. Ausgeschenkt wird ihr Erzeugnis übrigens nicht nur auf dem Areal der »Quinta Pedagógica« wie *Padre* Rui seinen persönlichen Garten Eden offiziell taufte. Sondern auch zu allen Festen des Dorfes, deren Buden sich fast immer um den Kirchhof scharen.

Robuste Ruten und feinste Fädchen

Zarte Weißstickerei und Korbwaren in allen Varianten bilden die beiden Säulen des traditionellen Handwerks auf Madeira

Im Sommer, in den kleinen Dörfern, entdeckt man sie noch manchmal auf den Türstufen im Schatten eines Hauseingangs, sieht sie auf einem Stuhl unter dem ausladenden Ästedach eines Baumes sitzen oder auf dem rauen Stein der flachen Straßenbegrenzungs-Mäuerchen: die *bordadeiras*, Madeiras Weißzeugstickerinnen.

Ursprünglich waren es Tausende alter und junger Frauen, die mit ihrem unermüdlichen Gestichel ein wenig die Familienkasse, aber kräftig die Exportumsätze der Insel aufbesserten. Meist lebten sie in den traditionellen Fischerdörfern, deren Männer oft lange unterwegs waren auf See. Viele Stickerinnen waren auch in den bäuerlichen Siedlungen landeinwärts zu Hause, aus denen fast alle kräftigen Burschen und Familienväter, der Schufterei auf den steilen, schmalen Terrassenäckern überdrüssig, in ferne Gefilde ausgewandert waren, um dort ihr Geld zu verdienen.

Schon früh lehrten die Mütter ihre Töchter die filigrane Kunst des *bordar;* anstatt die Schule (die damals freilich noch nicht Pflicht war) zu besuchen, saßen die Mädchen häufig mit an der Stickarbeit. Vor allem um die Jahrhundertwende und noch einmal nach dem

Ersten Weltkrieg erlebte die Stickereikunst auf Madeira eine ungeahnte Blüte. Ende der dreißiger Jahre wird mit dem »Grémio« eine Dachorganisation ins Leben gerufen, die rigorose Qualitätskontrollen durchsetzt, Stickereischulen gründet, Preise festlegt und für Werbung auf den internationalen Messen sorgt. Im Zuge der Revolution 1974 wird das Grémio jedoch enteignet und von einer Kommission ersetzt. Sie sorgt für die Fortsetzung der Produktion.

Heute sind es allerdings noch vergleichsweise wenige Frauen, die für den kargen Lohn eines Auftraggebers sticken. Und für Mädchen unter vierzehn Jahren ist die offizielle Registrierung als Stickerin inzwischen sogar per Gesetz verboten. Importware aus China ersetzt mehr und mehr die traditionelle madeirensische Stickerei; an so manchem Verkaufsplatz finden sich sogar nur noch Kreationen aus Fernost.

Jene Frauen, die die authentische Inselware noch produzieren, erhalten Material und Muster vom Auftraggeber, das heißt, von den kleinen oder größeren Stickereimanufakturen in Funchal. Eine Fabrik im herkömmlichen Sinne darf man sich freilich nicht vorstellen unter diesen *fábricas de bordado*, die zum Teil noch immer in ihren schönen, alten, mitunter bereits restaurierten Stadthäusern residieren. In ihren Räumen werden die fertigen Stickereiteile lediglich gewaschen, gebügelt, ausgebessert und zum Verkauf oder Export fertig gemacht. Zudem werden in den Manufakturen die Stickmuster gefertigt. Ursprünglich mussten alle Motive mühsam mit der Hand vorgestickt werden. Das änderte sich mit der Einführung der *máquina de picotar* Ende des 19. Jahrhunderts. Die Maschine sorgte dafür, dass man die Muster per Farbe direkt auf das zu bestickende Gewebe übertragen konnte. Das Verfahren ist eigentlich simpel: Mittels eines Dorns werden durch Pergamentpapier winzige Löcher entlang der Sticklinien gestochen. Durch diese Perforierung wird, mit Hilfe eines in einer Mischung aus Anilinfarbe, Petroleum und Wachs getränkten Baumwollläppchens, der *boneca de algodão*, das Muster auf den darunter liegenden Stoff geträufelt. Ein Kurvenmesser zählt bei der Perforation bereits die Stiche, nach denen das Muster und somit die Bezahlung der Stickerinnen noch weitgehend bemessen wird. Es gibt zwar verstärkt Tendenzen, den Frauen ihren Zeitaufwand zu vergüten anstatt die Zahl der Stiche – bis zu tausend Stunden nehmen die schönsten und größten Stücke in Anspruch –, aber eine generelle Entscheidung ist noch nicht gefallen.

In der *fábrica de bordado* wird das von den Stickerinnen gelieferte Stück auch geprüft, und so man es für makellos befindet, bringt das »Instituto de Vinhos, Bordados e Artesanao do Madeira« (I.V.B.A.M.) sein Kontrollzeichen an: Bis vor Kurzem war es eine kleine, silbrige Plombe mit einem stilisierten »M«; inzwischen ist es ein blauer Pappkreis mit schriftlicher Herkunftserklärung. Für moderate Preise stehen Plomben und Label aber keineswegs. Die echte Madeira-Stickerei ist teuer. Egal ob auf Leinen, Baumwolle, Organza oder Seide. Auch die Farbe spielt bei den Kosten keine Rolle; sie ist reine Modesache. Ursprünglich stickte man die traditionellen Blüten und Ranken nur weiß auf weiß, später waren blaue Fäden beliebt, die goldbraunen Muster kamen erst im 20. Jahrhundert auf. In vielen Verkaufsgeschäften, vor allem aber auf den Klapptischen der fliegenden Händler an den verschiedensten touristischen Punkten der Insel, liegen inzwischen auch Servietten, Tafel- und Taschentücher, Blusenkrägen und Kinderkleidchen mit bunten und geometrischen Stickmotiven aus. Sie stammen in der Regel aus asiatischen Manufakturen.

Wie kommt es überhaupt, dass die Madeira-Stickerei so berühmt ist? Nun, das hat wohl zu tun mit einem britischen Fräulein namens Elisabeth Phelps. »Miss Bella«, wie sie die Chroniken auch immer wieder nennen, war die etwas kränkliche Tochter eines englischen Weinhändlers und Schulleiters, der Mitte des 19. Jahrhunderts auf Madeira lebte. Die Familie – in England war sie als missionarisch bekannt – pflegte regelmäßigen Umgang mit den Nonnen des noch heute existierenden Santa-Clara-Klosters. Wohl auf diese Weise kam Elisabeth in Kontakt mit einem Waisenhaus bei Santana, an der Nordküste Madeiras. Da ihr das Klima auf dieser Inselseite besser bekam, verbrachte Miss Bella einige Zeit in Santana und lehrte die Waisenkinder dort die vornehme englische Feinstickerei.

Chroniken berichten allerdings schon im 16. Jahrhundert von den geschickten Nadelarbeiten der Inselfrauen und -mädchen. Jedoch entstanden die Stücke damals meist nur für den Familiengebrauch. Oder um die Aussteuer einer Freundin, Nachbarin, reichen Bürgersfrau zu verschönern. Bis heute haben einige vornehme Familien auf Madeira ihre eigenen Familienmuster, deren Ausführung nur ausgewählten Stickerinnen anvertraut wird.

Lady Phelps Verdienst indes war es, die madeirensischen Stickereien zu kommerzialisieren und sogar den englischen Königshof auf sie aufmerksam machen. Bei jeder ihrer Reisen in die britische Heimat nahm sie einige *bordados* ihrer offenbar sehr gelehrigen Schülerinnen aus dem Waisenhaus mit. Sie hoffte, durch den Verkauf der Stickereien an Geld für den Konvent und damit auch für die Waisenkinder zu kommen. Die Qualität der zarten Mitbringsel überzeugte offenbar, und 1851 lud man Lady Phelps mit ihrer Ware sogar zur Weltausstellung in London ein. Dort nahmen sich die englischen Kaufleute Franck und Robert Wilkinson ihrer an. Sie legten später auch den Grundstein für eine Industrialisierung der Madeira-Stickerei und ihren Export in größerem Stil. Im Jahre 1862 waren bereits mehr als tausend Stickerinnen auf der Insel offiziell registriert.

Während das Sticheln auf feinem Tuch bereits eine lange Tradition auf Madeira hat, gilt die Gobelinstickerei als deutlich jüngeres Exportprodukt der Insel. Zwar beweisen Aufzeichnungen die Existenz madeirensischer *tapeçarias* bereits um 1870. Doch im großen Stil vermarktet wurde sie erst ab 1930. Wichtigster Impulsgeber dabei war der deutschstämmige Herbert Kiekeben. Sein Unternehmen in der Rua do Carreira in Funchal bestand gut ein dreiviertel Jahrhundert. Wie viele andere kleine Gobelinstickerei-Manufakturen wurde es jedoch schließlich Opfer der gesunkenen Nachfrage an den zeitaufwendigen und daher teuren Fadenbildern.

Nach wie vor großer Beliebtheit erfreuen sich Madeiras luftige Geflechte aus Ginster und Weide: die Korbwaren, *vimes*. In der Rua da Carreira in der Altstadt von Funchal zeigt »Vimescope«, was man alles aus den biegsamen Ruten herstellen kann. Das schmale Lädchen ist das kleine Aushängeschild der Flechterkooperative von Camacha, dem Korbmacherort schlechthin auf Madeira. Irgendwann landet jeder Inselbesucher dort. Genauer: im »Café Relógio«. Hinter den Erd- und Kellergeschossmauern des beachtlichen Restaurantgebäudes öffnet sich ein gigantischer Souvenir-Supermarkt. Neben Gesticktem und Gestricktem, Geschnitztem und Getöpfertem stapelt sich hier Geflochtenes in allen Variationen, von kitschig bis elegant: Körbe, Truhen, Sessel, Tische, Tiere – die größte Auswahl auf der gesamten Insel.

Bereits seit den Anfängen seiner Besiedlung zählt das Korbflechten zum Alltag Madeiras. Beim Bau der ersten größeren *levadas*, so heißt es, ließ man die Sklaven, in Körben sitzend, an Seilen über steile Felswände zu ihrem Arbeitsplatz hinab. Auch beim Wein- und Ackerbau wurden schon früh Körbe eingesetzt. Als ältester und typischster Korb gilt der *barreleiro* aus roher, unbearbeiteter Weide. Das nach oben kelchförmig geöffnete, aus dicken hellen und dunklen Ruten geflochtene Behältnis diente einst zum Transport von Obst und Gemüse. Aber auch Unkraut und Steine wurden in den gut zu schulternden und wegen ihres ausgezogenen Randes gut zu greifenden Körben geschleppt. Bis heute ruht auf der Insel auch so mancher Straßenstand noch auf zwei *barreleiros*.

Neben Gebrauchsgegenständen begannen die Madeirenser irgendwann auch Zierrat zu flechten. Statt der relativ groben Weiden nahmen sie dafür die feinen Stängel des Ginsters. Bis in die fünfziger Jahre entstanden aus diesem Naturmaterial vor allem kleinere, delikatere Stücke. Heute beherrschen nur noch wenige alte Flechter die anspruchsvolle Technik des Ginster-Flechtens. Von den Jungen mag sie kaum mehr einer erlernen. Außer in dem Schau-Atelier des »Café Relógio« sieht man die Korbhandwerker – mehr als tausendvierhundert, also fast neunzig Prozent der Bevölkerung, sollen es in Camacha einmal gewesen sein – übrigens kaum bei ihrer Arbeit. Denn ihre Werkstatt ist in der Regel identisch mit ihrem Zuhause. Ein Zimmer oder gar ein ganzes Geschoss sind dort voll gestopft mit dem Rohmaterial, mit angefangenen und fertigen Stücken. So wie bei Agostinho Jesus Freitas, der seine Korblöwen auf der Veranda und in der, von einem Vorhang abgetrennten, Gästeschlafstatt untergebracht hat. Agostinho ist, wie all seine Flechterkollegen auf der Insel, freier Unternehmer. Er arbeitet auf eigenes Risiko, komplett abhängig vom Auftraggeber. Was unter seinen schwieligen Händen entsteht, ist nicht billig. Denn ein gutes Stück braucht seine Zeit.

Ein wenig davon dürfen wir Senhor Agustinho an diesem Nachmittag stehlen und ihm zusehen bei der Arbeit. Bedächtig zieht der erfahrene *vimero* immer wieder an seiner Pfeife, lächelt, erklärt. Geschickt spalten seine Hände zunächst die Weidenruten in vier gleich große Teile, die *liaça*, und zwar mittels eines handtellergroßen Gerätes mit dem lautmalerischen Namen *rachador*. Anschließend demonstriert der *senhor* an einem bereits begonnenen Stück die Kunst des Flechtens. Unsere Augen können seinen flinken Fingern kaum folgen.

Bevor die Weidenruten zu den Flechtern gelangen, werden sie geschält und in riesigen Bottichen gekocht. »Das ist die ›warme‹ Methode«, erklärt Senhor Agustinho, »die Ruten nehmen dabei eine bräunliche Farbe an.«

Die langwierigere »kalte« Bearbeitung geht immer mehr verloren. »Sie wird nur noch dann praktiziert, wenn Stücke aus ›weißen‹ Weiden ausdrücklich vom Kunden gefordert werden.« Vier bis sechs Wochen liegen die Weidenruten in kaltem Wasser bei der kalten Methode – »etwa bis sie zum zweiten Mal ausschlagen«. Und nach dem Schälen weich und weiß genug sind, um daraus überaus haltbare Korbwaren herzustellen.

Madeiras Weidenpflanzen gedeihen vor allem in den wasserreichen kleinen Tälern des Nordens, etwa bei Boaventura oder Ponta Delgada. Nach der Ernte bleiben nur die kahlen *cabeças*, die Köpfe der Bäume, stehen. »Zwischen zwei und fünf Kilogramm Ruten wirft jeder Weidenbaum ab«, hatte Senhor Miguel erklärt, den wir zufällig beim Bündeln frisch geschnittener Weidenruten am Rand eines schmalen Stichsträßchens irgendwo im Norden trafen. »Im vierten Jahr steht jede neue Pflanze auf der Höhe ihrer Produktivität; bis zu zwölf Jahre ist sie dann brauchbar, je nach Qualität des Bodens und der mehr oder weniger reichlichen Wasserversorgung.« Trockene und windreiche Jahre können die Produktion allerdings beträchtlich verringern.

Aber nicht nur die Unbill der Witterung fürchten Madeiras Weidenbauern und *vimeros*. Viel mehr noch macht ihnen ein anderer Umstand zunehmend zu schaffen: die Billigkonkurrenz aus Osteuropa und Fernost. »So günstig können wir hier nicht produzieren; vor allem, wenn wir weiter Qualität liefern wollen«, seufzt Senhor Antonio und nimmt einen besonders tiefen Zug aus seiner Pfeife. Dann beugt er sich wieder über das begonnene Weidenwerk.

Ähnlich wie bei der Stickerei ranken sich auch um die Korbflechterei auf Madeira viele Legenden. Die meisten von ihnen versuchen, den Ursprung der Flechtkunst auf der Insel zu erhellen – blicken aber, obwohl wahrscheinlich schon die ersten Siedler Behältnisse zu flechten wussten, nicht weiter zurück als bis ins 19. Jahrhundert. So heißt es etwa, ein Mann aus Camacha habe seine Zeit in einem Lissabonner Gefängnis genutzt, um von einem Zellengenossen die Kunst des Flechtens zu erlernen und sie bei seiner Rückkehr in die Heimat an die anderen Dorfbewohner weitergegeben. Erzählt wird auch von einer Delegation aus Gonçalo, einem Ort bei Guarda in Nordportugal, der als die Wiege der portugiesischen Korbflechterei angesehen wird. 1827 hätten sich die *vimeros* aus Gonçalo auf Madeira aufgehalten und ihre Kunstfertigkeit hinterlassen.

Eine weitere Geschichte bringt William Hinton, einen Zuckerindustriellen aus dem 19. Jahrhundert, mit den Anfängen der einheimischen Korbwaren-Industrie in Verbindung: Ein gewisser António Caldeira habe, so lautet die Kernaussage, eine für Hinton bestimmte, aus England importierte Matte auseinandergenommen und sei so hinter das Geheimnis ihrer Herstellung gekommen. Herrlich abstrus! Fest steht allerdings, dass Mister Hinton, dessen Nachfahren noch heute auf Madeira leben, dem Korbgeschäft später wesentliche geschäftliche Impulse gab.

Jesus in der Häkelsänfte

Mit überbordender Fantasie beteiligen sich die Bewohner einer Gemeinde auf Madeira seit Jahren an einem Weihnachtskrippen-Wettbewerb

Seit Tagen schon hat Dona Maria nach ihnen Ausschau gehalten. An diesem Morgen nun stapfen die sieben Weisen endlich durch ihre Gartenpforte: *senhor padre*, der Pfarrer, *o presidente*, der Bürgermeister, *a professora*, die Schuldirektorin, Jaime, ein Vertreter des Heimatvereins, Senhor Julio, der Bankdirektor, und Paulo, der rührige Leiter des Sportclubs. Alle in gebührendem Abstand zu ihrem Chef, dem Herrn Regionalrat aus dem fernen Calheta. Gekommen ist das Trüppchen, um das Jesuskind zu schauen. Genauer gesagt: den Platz, den Dona Maria ihm geschaffen hat in ihrem winzigen Häuschen.

In vielen Dörfern Portugals spielt die Tradition der *precepios* oder *lapinhas*, wie die schöpferischen Nachstellungen von Jesu Geburt im Dialekt auch heißen, nach wie vor eine wichtige Rolle. Auf Madeira lobt eine Gemeinde sogar seit einigen Jahren regelmäßig einen Weihnachtskrippen-Wettbewerb aus. Mehr als fünfzig Teilnehmer buhlen in der Endausscheidung jeweils um den – für die nicht gerade mit Reichtum gesegnete bäuerliche Bevölkerung meist beachtlichen – Gewinn: eine Wochenendreise zu zweit noch Lissabon, ein kleiner Traktor, eine erkleckliche Eurosumme, je nachdem, wer als Hauptsponsor für den *concurso* gewonnen werden konnte.

Dona Maria legt sich jedes Jahr mächtig ins Zeug. Auch diesmal wieder füllt ihr Krippenensemble fast den gesamten Wohnraum aus. Vom Fußboden zieht es sich hoch bis zu den Wänden, kunterbunt glitzernd, den Christbaum ebenso einbeziehend wie allerlei Bildchen und Nippes. Einzeln zwängen sich die Jurymitglieder hinein zu der alten Dame. Wie es Brauch ist, hat sie einen Imbiss vorbereitet: süße Kekse, Oliven, Käsewürfel, dazu Whisky und hausgemachten Likör. Die Höflichkeit gebietet es, zuzugreifen. Im Laufe des Tages wird sich diese Sitte als echtes Problem erweisen.

Doch noch ist der Morgen jung, wir wandern weiter zu dem Kandidaten Nummer zwei. Palmyras Familie hat diesmal ihre Krippe rund um das riesige neue Aquarium arrangiert; das benachbarte Ehepaar – Kandidat Nummer drei – spannte einen dunkelblauen Sternenhimmel über seine *lapinha*. Dona Elvira – Nummer vier auf der Liste – dekorierte ihren gut zehn Meter langen Korridor (inklusive Papageienkäfig) gleich mit mehreren Abschnitten der Schöpfungsgeschichte; an der gegenüberliegenden Wand stehen wie im Theater Stühle für die Besucher. Bei Idalina – Nummer fünf – ruht das Jesuskind in einer rosafarbenen Häkelsänfte, bei Luiz – Sechster der knapp fünfzig Wettbewerbsteilnehmer – marschieren die heiligen drei Könige auf einem Teppich aus geflochtenen Zigarettenschachteln zur Krippe. Rubinhas Familie lässt statt der drei Weisen ein Trio wunderschöner Porzellanfräuleins zum Heiland trippeln; Senhor Paulo, der Metallschweißer, hat nicht nur einen Plastikleuchtturm, sondern auch mehrere Mickeymäuse, Windmühlen, Wecker und einen fast lebensgroßen Keramikhund in die Krippenkomposition integriert. Und Manuel, der Automechaniker, hat eine *lapinha* mit Wasserkreislauf gebastelt – eine ausrangierte Stoßstange und eine alte Waschmaschinenpumpe genügten ihm als technische Basis. Nach dem Besuch bei dem ingeniösen Senhor Manuel haben wir das Zählen der Wettbewerbsteilnehmer für diesen Tag eingestellt.

Die Fantasie der Dorfbewohner kennt keine Grenzen, wenn es um ihre *precepios* geht. Immer aber spielen in Öl getränkte Zement- oder Hühnerfuttersäcke als Basis eine Rolle. Und oft echte Pflanzen: angefangen vom Waldmoos über Kakteen bis hin zu selbst gezogenen Orchideen.

Inès und Andrea, die beiden verwitweten Schwestern, haben beschlossen, diesmal nicht einen, sondern gleich zwei Krippenräume zu gestalten. Dafür haben sie die nebeneinander liegenden Vorderzimmer ihres alten Häuschens komplett leer geräumt. Nun tut sich dort eine atemberaubende Krippenlandschaft auf: mit Maiskolbenleuchtern, Himmelstreppen, Wattewegen, Muschelbooten, Plastikenten, Spielzeugautos und einem etwas schiefen kleinen Weihnachtsmann. Verschmitzt lächelnd lupft ihm Dona Inès die rote Kutte: »Schau, er pinkelt.« Der ganze Kerl ist nämlich nichts anderes als eine verkleidete Whiskyflasche. Natürlich wird ringsum aus ihr eingeschenkt.

Ab und zu blitzt zwischen den Skurrilitäten auf dem Wettbewerbsparcours aber auch anrührend Schlichtes auf: die traditionelle Stufenkrippe. Ihre Spitze bildet die Jesusstatue, mitunter mehr als hundert Jahre alt, mit einem einfachen weißen Hemdchen bekleidet, umgeben von Orangen oder selbst gebackenen kleinen Broten und von Weizenschösslingen in entleerten Konservenbüchsen oder Joghurtbechern.

Nur langsam kommt die Krippen-Jury voran. Zehn Minuten hier, ein Viertelstündchen da, stets ein Häppchen und ein Schlückchen, ein paar höfliche Worte. Eifrig kritzeln *senhora professora* und *senhor padre* ihre Notizen. Die anderen in der Bewertungstruppe bewahren ihre Eindrücke wohl bloß im Gedächtnis.

Wir schauen mit dem Tross in Hütten ohne Elektrizität und in Paläste mit Wendeltreppen, sind in Garagen zu Gast und in Rohbauten mit nackten Wänden, auf die eine unbeholfene Hand »feliz natal«, fröhliche Weihnachten, gepinselt hat. So manches Jurymitglied wird auf dem Krippenparcours vielleicht zum ersten Mal mit der Armut der Dörfler konfrontiert oder mit anderen ihrer Probleme. Da macht es durchaus Sinn, dass jeder Teilnehmer des Krippenwettbewerbs ein kleines Geschenk von der Gemeinde erhält: Einen gut gefüllten Fresskorb etwa, Kleidungsgutscheine oder einen bescheidenen Geldobulus.

Ermattet hakt die Jury nach eineinhalb Tagen die Kandidatenliste ab. Bis zu Sankt Amáro, jenem Tag, an dem es gilt, seine Schränke zu ordnen, sollten sich die sieben Weisen nun auf die Gewinner geeinigt haben. Denn spätestens dann, also am 12. Januar, muss die *lapinha* in allen Häusern wieder Platz machen für das eigentliche Mobiliar.

Die verschlafene Atlantiktochter erwacht

Madeiras Nachbarinsel Porto Santo boomt im Sommer als Strandziel. Zwischen Herbst und Frühjahr herrscht idyllische Ruhe. Aber nicht mehr lange

Zwanzig Minuten. Mehr braucht es nicht von Grün zu Braun, von üppig zu karg. Kaum ist die kleine Propellermaschine vom Flughafen Santa Catarina am Ostzipfel Madeiras in die Lüfte gestiegen, schon setzt sie wieder zur Landung an: auf Porto Santo, der winzigen, flachen Nachbarinsel. »Ilha dourada«, die Vergoldete, heißt sie inzwischen im Jargon der Touristiker. Tatsächlich säumt feiner, heller Sand fast die gesamte südliche Küste. Gut neun Kilometer erstreckt sich der breite Strandstreifen von der Ponta Calheta bis zum Hafen. Aber auch die Ebenen und das halbe Dutzend Bergkegel dahinter können durchaus als Namenspaten dienen: Felsige Nacktheit in Ocker, Rotbraun, Karamell, nur vereinzelt gesprenkelt von dunklem Pflanzengrün – den ersten Resultaten eines ambitionierten Wiederaufforstungsprogramms. Unvorstellbar, dass sich einst über die gesamten fünfundvierzig Quadratkilometer Inselfläche Drachenbaumwälder dehnten, dass dort später Kornfelder wogten und ein riesiger Felderteppich üppige Ausbeute lieferte an Obst, Gemüse und Wein.

»Bis ins 20. Jahrhundert«, so erzählt João, »lebte das Gros der Familien auf Porto Santo von der Erde und vom Meer.« Raubbau, Brandrodung, Überweidung und – so die Legende – eingeschleppte Kaninchen, die sich ungehemmt vermehrten, zerstörten jedoch im Lauf der Zeit die Inselvegetation. Der einst fruchtbare Boden trocknete aus, Regen und Wind spülten die Ackerkrume nach und nach ins Meer. Durch den Bau des NATO-Flughafens, von dem aus in Zeiten des kalten Krieges amerikanische Tankflugzeuge starteten, um die Bomber und Jagdflugzeuge auf dem Weg nach Fernost mit Sprit zu versorgen, verschwanden weitere Äcker. Fast über die gesamte Inselbreite dehnt sich das vier Kilometer lange Pistenband.

»Heute«, weiß João, »betreiben nur noch ein paar unserer Alten Landwirtschaft.« Der Rest der rund fünftausend Inselbewohner hat sich mehr oder minder dem Tourismus verschrieben. Wie João selbst. Anfang zwanzig dürfte er sein, lässig hockt er am Steuer eines Jeeps, sein Englisch ist akzentfrei und fehlerlos. Fünf Personen haben für diesen Tag bei der Agentur, für die er arbeitet, eine »Safari« gebucht. Knapp vier Stunden dauert das Programm. Sportliche schaffen dasselbe locker per Bike. Denn Sehenswürdigkeiten sind rar unterwegs – abgesehen von den Wundern der Natur. Das Inselchen Ilhéu de Baixo vor dem Westzipfel Porto Santos gehört dazu mit seinen bizarren Kalksteinformationen, aus denen mitunter eine Fontäne aufschießt wie aus dem Nasenloch eines Wals. Oder die Landspitze Ponta da Canaveira, von deren windumtoster Höhe sich mit Blick landeinwärts bestens das Farbenspiel der mehr als zwanzig Millionen Jahre alten Felsschichten betrachten lässt. Dann der Pico de

Ana Ferreira, eine immerhin fast dreihundert Meter hohe Erhebung, an deren Nordflanke eine gigantische Basaltsäulenorgel überrascht.

Eine hübsche Legende rankt sich um diesen, von der Form her an eine schlafende Frau gemahnenden Berg: Eine weise Dame (manche sagen: Prinzessin) namens Ana Ferreira, habe dort in einer Höhle gelebt. Von der ganzen Insel kamen die Menschen zu ihr, um sich Rat und heilende Kräuterelixiere zu holen. Nur einmal im Jahr stieg Ana aus ihrer Höhle hinab zur Küste. Für diesen besonderen Ausflug ließ sich auch die Natur etwas Besonderes einfallen: Sie legte einen üppigen Blumenteppich aus. »Jedes Jahr im Frühling wiederholt sich nun dieses Naturschauspiel«, erklärt João. »Überall auf der Insel sprießt dann zartes Grün, gesprenkelt vom Gelbweiß der Kronen-Wucherblume.«

Mit ausholender Geste lenkt der junge Mann unseren Blick von Anas Berg auf den Drachenkopf, den tatsächlich wie ein Ungetüm aussehenden Cabeço do Dragoal, und auf die harmlose Nachbarerhebung mit dem schönen, fast musikalisch klingenden Namen Cabeço do Zimbralhino. »Wahrscheinlich leitet er sich von *zimbro* ab, Wacholder«, meint unser Inselexperte. Als nächstes bringt er uns zur windumtosten Ponte de Canaveira, von der wir auf das Eiseninselchen, die Ilhéu do Ferro, blicken, entdeckt uns einen »Mini-Grand-Canyon« und eine »Miniwüste« mit steilen Dünen und Versteinerungen, die aussehen wie Korallenbündel. Schließlich zeigt uns João noch als Kontrast eine »Oase«: die Quinta das Palmeiras. Mühsam geschaffen von Menschenhand. Für einen Euro dürfen wir sie betreten: ein üppiger botanischer Garten, in dem es von exotischen Vögeln wimmelt, frei fliegend, in Käfigen, auf Stangen – und in dem künstliche Bächlein zwischen blühenden Stauden plätschern.

»Mit dem Wasser ist das hier so eine Sache«, sagt João ein wenig verhalten. Zwar gibt es große Reservoire und inzwischen auch eine Meerwasserentsalzungsanlage. Die muss allerdings in den Sommermonaten, wenn die Hotels und Apartments der Insel sich mit Urlaubern füllen, ein Vielfaches mehr an Duschköpfen und Wasserhähnen speisen als gewohnt. Die acht Quellen Porto Santos können das Problem auch nicht lösen, so manche ist inzwischen versiegt oder bedarf einer Restaurierung – wie selbst die bekannteste von ihnen, die Fonte da Areira, die vor der Kulisse bizarrer Sandsteinformationen entspringt und nicht nur wegen ihrer Jungbrunnen-Legende Einheimische wie Fremde zur Picknickrast lockt. Dabei war Porto Santo einst für sein Süßwasser berühmt. Schon um 1900 füllte man hier Mineralwasser ab; 1908 erhielt es sogar eine Goldmedaille auf der internationalen Mineralwasser-Ausstellung in Rio de Janeiro. Inzwischen hat die traditionsreiche Mineralwasserfabrik in Vila Baleira ihre Pforten allerdings geschlossen.

Statt vom Wasser, das mittlerweile sogar einen weitläufigen 18-Loch-Golfplatz zu Füßen des Pico de Ana Ferreira frisch und grün halten muss, erzählt João seinen Kunden denn auch lieber vom Wind und vom Wein. Viele Tage im Jahr und aus vielen Richtungen, so erfahren wir, bläst der Wind über das relativ flache Porto Santo. Diesen Umstand machten sich seine Bewohner bereits vor Jahrhunderten zunutze und erbauten Windmühlen auf den Höhen, um das damals noch reichlich vorhandene Korn zu mahlen. Wann genau der erste Mühlenbau errichtet wurde, ist strittig. Die Angaben schwanken zwischen 1603 und 1797. Anfang des 19. Jahrhunderts sind zumindest drei solcher Gebäude auf der Insel verbrieft. Zum Ende des Jahrhunderts vermelden Chroniken, Porto Santo böte einen »sehr pittoresken Anblick mit seinen unzähligen Windmühlen«. Der Almanach von Madeira des Jahres 1924 listet für Porto Santo zwei Mühlen in Calheta auf, sechs in Campo de Baixo, drei in Campo de Cima, sieben in Matas, zwei in Lombas, eine in Vila, drei in Serra de Fora und sechs in Camacha. Inzwischen sind jedoch die meisten von ihnen verfallen. Die älteren Windmühlen wurden ganz aus Stein erbaut, jene jüngeren Datums tragen auf einem Steinsockel einen Holzkorpus, der sich dreht.

Eine solche »moderne« Windmühle bildet – fast maßstabsgetreu – das Herz des neuen Museu da Cardina, einer kleinen ethnografischen Privatsammlung, deren Mauern dem Grundriss eines Mühlengebäudes nachempfunden sind. Das Ensemble steht in Camacha, jenem Ort, um den sich auch die meisten Rebgärten der Insel schmiegen. Womit wir beim Wein angelangt wären. »Der vinho do Porto Santo erreicht einen sehr hohen Alkoholgehalt – vielleicht durch unseren sandigen Boden«, erklärt uns João. Bis zu fünfzehn Prozent der Weiße, bis zu achtzehn Prozent der Rote, so heißt es. Schwer und kantig jedenfalls kommen die Inseltropfen bei der Weinprobe in einer *adega* über die Lippen.

Von dem kleinen Weingut fahren wir auf einem

kurvigen Sträßchen in den Osten der Insel. Zu Füßen der ockergelben Kegel von Pico Gandaia und Pico do Cabrito ducken sich hier Orte wie Serra de Fora und Serra de Dentro. Doch niemand lebt mehr in ihren unverputzten Basaltblockhäusern. Ein Großteil ist bereits verfallen. Auch die Terrassenkulturen sind aufgegeben. Keine menschliche Stimme ist zu hören, nur das Säuseln des Windes.

Einsam und still ist es an diesem Tag ebenfalls auf dem Pico do Castelo. In früheren Zeiten suchten die Inselbewohner in der Burg auf der zuckerhutförmigen Bergspitze häufig Schutz vor Piraten. Inzwischen pflastern die Steine des Kastells den Fußweg zum Gipfel; von der Burg blieb nur eine Ruine. Aber die Aussicht ist grandios. Nur vom benachbarten Pico da Facho mit seinen gut fünfhundert Metern Höhe dürfte sie noch besser sein. Schließlich saßen dort einst die Späher, die die Porto Santenser mit Fackelzeichen vor nahenden Piraten warnten.

Vergeblich allerdings mitunter. Die Chronik überliefert, dass bis ins 17. Jahrhundert immer wieder Freibeuter Porto Santo heimsuchten. Einmal raubten sie sogar den gesamten Kirchenschatz von Vila Baleira, der größten Siedlung der Insel. Und fügten auch dem Gotteshaus selbst reichlich Schaden zu. Baumeister des Barock schlossen die Wunden und gaben der Igreja Nossa Senhora da Piedade ihr heutiges Gesicht. Womit wir bei den wenigen Sightseeing-Musts der Insel angelangt wären.

Nummer eins unter ihnen ist unangefochten die kleine Casa Museu Cristóvão Colombo. Im hinteren der beiden Sammlungsgebäude, so heißt es, logierte einst der große Seefahrer und Amerika-Entdecker.

Karten, Skizzen und Schiffsmodelle erzählen nun dort vom Leben und von den Taten des berühmten Genuesers. Überdies besitzt das Museum eine kleine Sammlung mit Farbstiftzeichnungen und Aquarellen des Hamburgers Max Römer, dem auch das Altarbild in der Kirche von Vila Baleira zugeschrieben wird. Der deutsche Künstler besuchte in den vierziger Jahren Porto Santo mehrmals von Madeira aus und malte dort auch. In Funchal zieren Wandgemälde von Römer einen der Probierräume der Madeira Wine Company.

Kolumbusmuseum, Kirche, Rathaus und der davor sich öffnende Pelourinho-Platz, die kleine Fußgängerzone mit ihren alten Lädchen und Kneipen, zwischen die sich längst Spielsalon, Bank und Ausflugsagenturen drängen – viel mehr hat Vila Baleira (und damit Porto Santo) bislang nicht zu bieten an Sehenswürdigkeiten. Es sei denn, man rechnet die kühnen Neubauten des Ortes hinzu: das transparente, kantige Domizil der Touristeninformation, ein neues Restaurant und zwei Kunsthandwerksläden (ursprünglich flochten viele Porto-Santenser Hüte und Körbe aus Palmstroh und formten interessante Tonfiguren); das gleißend weiße Kultur- und Kongresszentrum und die in einer flachen Terrassenmulde liegende Markthalle. Das große Gebäude mit elegantem Linienschwung konnte freilich die alten Gemüsebauern nicht begeistern, die ihre spärliche Ausbeute an Kartoffeln, Melonen und Tafeltrauben zuvor in dem bescheidenen, weiß getünchten Flachbau oder an einfachen Straßenständen verkauften. Daher wird der protzige neue *mercado* inzwischen nur noch für Konzerte genutzt.

Kultur, Kunst und Kongresswesen sind freilich nur seltene Gäste auf Porto Santo. Beach and Fun lautet im Zusammenhang mit der »Goldenen« vor allem die Devise – zumindest zwischen Juli und September, wenn die Festlandportugiesen und Madeirenser einfallen per Flieger oder auf der neuen Fähre Porto Santo Line, die nun auch Autos transportiert. Dann gibt es Sport und Action. Und die Preise explodieren. Im Herbst sinkt das Inselchen, das sich rühmen darf, noch vor Madeira entdeckt worden zu sein, wieder in seinen Dornröschenschlaf.

Das soll sich aber ändern: Mit Hilfe von Golf und Thalassotherapie hoffen die Inselpolitiker, die vergoldete Schöne etwas länger wach zu halten. Auch die Vermarktung des als heilkräftig (unter anderem bei Rheuma) geltenden Sandes sowie der von Wissenschaftlern ebenfalls als wirksames Therapeutikum entdeckten Inselerde ist seit langem in Diskussion. Immerhin hat Porto Santo dank seines Status als NATO-Stützpunkt einen auch für große Jets taugenden Airport zu bieten. Ein erstes Großhotel mit mehr als zweihundertfünfzig Zimmern wurde jedenfalls schon in Betrieb genommen; zwei weitere Megaprojekte markieren inzwischen weite Teile des Strandes in Golfplatzhöhe. Das zuvor kaum eine Handvoll Verknüpfungen aufweisende Straßennetz wurde erweitert, einstige Pisten hat man asphaltiert. Restaurantbesitzer werkeln eifrig, um ihren Etablissements neuen Glanz oder gar mehr Raum zu verleihen; ein Supermarkt macht den Tante-Emma-Läden der Insel inzwischen Konkurrenz. Und im Hafen entstand eine neue Vergnügungszone mit

Bars und überdachtem Beachsport-Stadion. Der Hauptort Vila Baleira hat sich überdies herausgeputzt mit einer palmengesäumten Promenade; ein neuer Radweg führt bis zur Ponto do Calheta, wo man sich noch immer zum Sonnenuntergang trifft.

Ein ambitioniertes Hotelprojekt mit dem französischen Stararchitekten Ricardo Bofill als Berater mussten die Inselpolitiker inzwischen allerdings wieder begraben. Doch mit dem großflächigen neuen Colombo-Resort, das sogar ein Spielcasino umfassen soll, und der benachbarten, ebenfalls riesigen Hotelanlage der Pestana-Gruppe, stockt die Insel ihr Bettenkontingent kräftig auf. Golfer, Kurgäste, Sommerfrischler – kommet zu Hauf!, scheinen die Verantwortlichen mit den neuen Betonmassen übers Meer rufen zu wollen. Eine andere Besucherspezies braucht keine spezielle Aufforderung mehr, um nach Porto Santo zu kommen: Schon seit vielen Jahren treffen im Frühling Generäle, Majore und Oberste der Nato mit ihren Soldaten zum Truppenmanöver auf der kleinen Insel ein. Joãos jüngster Bruder, der uns am Schluss unserer Jeeptour neugierig erwartet, erinnert sich noch mit leuchtenden Augen an die letzte dieser Militärübungen: »Da hatten wir schulfrei, wurden in die Berge gebracht und von dort mit dem Helikopter als Verwundete in die Klinik geflogen.« – Ein aufregendes Abenteuer in den stillen Monaten der »vergoldeten« Atlantiktochter.

Sonnenerwärmt und mit Pflaumenaroma

Schon Shakespeares Falstaff war bereit, für ein Glas Madeira seine Seele hinzugeben

»New drinkers start here.« Unübersehbar prangt die Aufforderung im Eingangsgewölbe der Adegas de São Francisco, eines Klosterbaus aus dem 16. Jahrhundert am Prachtboulevard der madeirensischen Hauptstadt Funchal. Unterhalb des launigen Schildes öffnet sich eine Stube mit Fässern und Flaschen: die erste Station für »neue Trinker« auf ihrem Weg ins Reich jenes speziellen Weins, der den Namen des portugiesischen Eilands Madeira hinaustrug in die ganze Welt. Madeirawein ist zugleich wichtigster Exportartikel und internationaler Botschafter der Insel. Bis nach Japan und Australien verkaufen die Erzeuger ihren *vinho da Madeira*.

An der zweiten Station, im Innenhof der *adegas*, wartet Ana. Bei einem Rundgang durch das alte Anwesen weiht sie in die Geschichte des legendären Inselelixiers ein. Sie beginnt mit zwei Schotten: Francis Newton und William Gordon. Die beiden gründeten 1745 auf Madeira die erste auf den Süßwein spezialisierte Firma.

Bekannt war der madeirensische Rebensaft freilich schon weitaus länger. Immerhin ist bereits Shakespeares Falstaff bereit, für »ein Glas Madeira und ein Hühnerbein« seine Seele hinzugeben. Damals kann es sich aber noch nicht um das hochprozentige Erzeugnis gehandelt haben, das seit dem 18. Jahrhundert den Gaumen nicht nur englischer Gentlemen erfreute. Gemeint war mit des Dichters Lob wohl eher ein gewöhnlicher Tafelwein. Einige Bauern keltern einen solchen bis heute auf Madeira. In öffentliche Schenken findet er seinen Weg freilich nur selten. Allenfalls bei Dorffesten kreisen ein paar Kannen davon. Allerdings lassen sich diese herben, einfachen Tropfen aus amerikanischen Hybridreben, die man nach der fast völligen Vernichtung des Weinbestandes der Insel durch Schädlinge im 19. Jahrhundert pflanzte, kaum vergleichen mit dem scheinbar doch edlen Trunk des Shakespeare'schen Helden.

Doch halt – es tut sich was auf diesem Gebiet. Conceição Fernandes und Duarte Caldeira stehen für dieses neue Engagement in Sachen Rebensaft. Die beiden umtriebigen Madeirenser glauben fest an die neuen Tafelweine der Insel. Conceição Fernandes hat an der Nordküste Madeiras die Adega de São Vicente mitaufgebaut; eine Kellerei, deren Einrichtungen die Inselbauern seit einigen Jahren zur Produktion ihrer eigenen Tafelweine benutzen können – um aus den traditionell kaum gepflegten, lediglich für den Hausgebrauch zu einer sauren Brühe gekelterten oder an die Madeirawein-Hersteller verkauften Trauben einen vernünftigen Tropfen zu machen. Und Duarte Caldeira hat mit fünf Freunden etwa zum gleichen Zeitpunkt ebenfalls an der Nordküste der Insel, in Seixal, eine Kooperative gegründet, die sich vor allem dem Anbau eines qualitätvollen Rotweins verschrieben hat.

»Vernünftiger Weinbau ist nicht einfach auf Madeira«, erzählt der Agraringenieur, »denn durch die

Erbteilung der Großfamilien ist der Landbesitz oft in Flecken von nur wenigen Quadratmetern gestückelt.« Inzwischen zählt die von Senhor Caldeira initiierte Vereinigung aber schon an die dreißig Mitglieder und verfügt über fast sechzigtausend Quadratmeter Weinberge. Cabernet Sauvignon wurde auf ihnen gepflanzt, Merlot und die portugiesische Traube Turiga Nacional, je nach Lage des Geländes. Achthundert Liter hatte die erste Ernte ergeben; komplett wurde sie auf Flaschen gezogen und in den Markt gestellt. »Die hundertfünfzig Liter Weißen (aus den Trauben Arnsburger und Verdelho) trinken wir erstmal selbst«, zwinkert Caldeira.

João Mendes, Adriana Morgano und João Araújo hingegen kommerzialisieren ihre Weißweine bereits. Neben den Klassikern »Atlantis« und der immerhin in einer Größenordnung von fast dreißigtausend Flaschen abgefüllten Marke Enxurros von R. C. Franca sind Kreszenzen wie Rocha Branca, Ponta do Tristão, Casa da Vinha oder Quinta do Moledo bislang jedoch lediglich Mengenzwerge. Nur zwischen zwei- und achttausend Flaschen wurden von ihnen abgefüllt.

»Unsere Adega in São Vicente ist jedoch ausgelegt auf eine Kapazität von hunderttausend Litern«, erläutert Conceição Fernandes, die inzwischen das Amt der Vizepräsidentin des Madeira Weininstituts bekleidet. Forschung, Produktion und Kontrolle der madeirensischen Tafelweine laufen seit geraumer Zeit in dem staatlichen, bereits 1979 gegründeten Weininstitut zusammen. Oberhalb des Rathauses von Funchal logiert es mit seinen Büroräumen, Laboratorien und einem Museumssaal in einem hübschen gelben Turmanwesen: dem Stadtpalais des ehemaligen britischen Weinhändlers und Generalkonsuls Henry Veitch. An verschiedenen Punkten der Insel unterhält das Institut Versuchsweinberge, in Arco de São Jorge zum Beispiel und Estreito de Câmara de Lobos. Und es arbeitet eng mit dem Geisenheimer Weininstitut in Deutschland zusammen.

»Wir haben inzwischen eine ganze Reihe von verschiedenen Traubensorten angebaut, ausgewählt und vinifiziert, darunter auch die oft verkannte Tinta Negra Mole«, sagt Conceição Fernandes. Inzwischen brachte die *adega* unter anderem einen Torcaz auf den Markt sowie Weißweine aus Arnsburger und Verdelho, einen davon im Barrique fermentiert. »Künftig wollen wir uns aber vornehmlich den Rotweinen widmen – und uns an weicheren Ergebnissen versuchen.«

So viel zum Tafelwein, dem historischen wie dem zeitgenössischen. Nun aber zurück zum »Madeira«, jenem seit dem frühen 18. Jahrhundert auf der Insel hergestellten, gehaltvollen Tropfen, dessen Fermentierung durch Zugabe von Branntwein oder Tresterbrand unterbunden wird. Darin liegt das Geheimnis. Und an der anschließenden Erwärmung. Ursprünglich besorgte diese langsam und stetig die Sonne. Spätere Herstellergenerationen versuchten den Effekt durch spezielle Öfen zu erzielen. Inzwischen wird der Wein, der einen Alkoholgrad von bis zu zwanzig Prozent erreichen kann, meist rasch in Stahltanks mit Hilfe von Wasserspiralen erhitzt. Gänzlich nach der traditionellen Methode arbeitet nur noch Artur de Barros e Sousa, dessen kleine *adega* sich in Funchal in der steilen Rua dos Ferreiros hinter der Hausnummer 109 verbirgt.

Ein langer Torgang, gesäumt von mannshohen Fässern und wandhohen Flaschenregalen, führt zum winzigen Kontor des qualitätsbewussten Herrn Barros. In seinen sandfarbenen Cordhosen und mit dem karamelltonigen edlen Pulli unter der Weste kommt uns der Wein-*Senhor* ein wenig wie ein englischer Landlord vor. Herzlich heißt er den neugierigen Gast willkommen, schickt ihn dann aber gleich durch den kleinen, gepflasterten, an allen Seiten üppig begrünten Hof und über steile Holzleitern hinauf in die verschiedenen Etagen seines »Kellers«, wo auf breiten Dielen, hoch zwischen Himmel und Erde, die bauchigen Fässer lagern mit den verschiedenen Jahrgängen und Sorten seines Madeiraweins.

»Je älter ein Madeira ist, desto besser, voller, schmeckt er«, erläutert Senhor de Barros nach unserer Kletterpartie durch die verschiedenen Ebenen des warmen, hölzernen Reifegebäudes, das an die »Keller« der italienischen Balsamicoessig-Hersteller denken lässt. Und dann baut der grazile Herr eine ganze Riege Flaschen auf dem runden Tischchen vor seinem Kontorfenster auf. »Was möchten Sie probieren?« Es wird ein langer Spätnachmittag in Senhor de Barros' *adega*, ein ausgiebiges Fest für Zunge und Gaumen …

Anderntags führt der Weg in Sachen Madeirawein durch den Santa-Catarina-Park und vorbei am Spielcasino in Richtung Westen, zur touristischen Zone Funchals. In einer kleinen alten Fabrik neben dem noblen Reid's Hotel reift dort der Rebensaft des familiären Betriebs Vinhos Barbeito in Stahltanks und Eichenfässern. Eine Handvoll Frauen überwacht die Abfüllung des »fortified wine«. Eine Etage tiefer werden die Flaschen beschriftet. Sorgfältig schneidet Senhor Agostinhos dafür die Schablonen. Mit einem Schwämmchen tupft sein Kollege durch sie Traubensorte, Jahrgang, Firmenname und das Wort Madeira auf. »Boal 1957« lesen wir später in der Kammer hinter den Arbeitsplätzen der beiden Männer. »Sercial 1910«. Und: »Malvazia 1901«. Auch eine Flasche mit der Aufschrift »Terrantez 1795« lagert im Regal.

Die edle Terrantez-Traube, aus der der 1795er Barbeito erwuchs, war völlig ausgerottet auf der Insel. Peu à peu pflanzt man sie wieder an. Hauptlieferant für den Madeirawein sind jedoch die vier historischen Edel-Traubensorten Sercial, Verdelho, Boal und Malvasia. Als »Arbeitspferd« für sie dient die Tinta Negra Mole. Sie verfügt über die Eigenschaft, den Geschmack der mit ihr vermischten anderen Sorten anzunehmen.

Die Tinta Negra Mole wächst hauptsächlich auf den sonnigen Terrassenfeldern von Estreito de Câmara de Lobos an der Südküste. Und an der rauen, oft von Regen und Sturm gepeitschten Nordseite der Insel. In dieser Region gedeihen vornehmlich auch die vier edlen »historischen« Rebsorten für den Madeira: bei Porto Moniz, wo das Meer in natürliche Lavapools schwappt. An den steilen Hängen von Seixal. Um São Vicente. In den winzigen Rebgärten von São Jorge. Und auch in Porto da Cruz, dem letzten Örtchen der Insel, in dem man bei Festen noch die *borracheiros* mit ihren Ziegenbälgen, den *borrachos*, auf den Schultern sehen kann, in denen die frisch gestampften Trauben einst von den Rebterrassen zum Fass getragen wurden.